U0119062

一頁 folio

始 于 一 页 ， 抵 达 世 界

甚至
还未过去

NOT
EVEN
PAST

Barack Obama and the Burden of Race

[美]托马斯·萨格鲁 著　叶一 译

Thomas J. Sugrue

GUANGXI NORMAL UNIVERSITY PRESS

广西师范大学出版社

·桂林·

图书在版编目(CIP)数据

甚至还未过去 / (美) 托马斯·萨格鲁著 ; 叶一译. --
桂林 : 广西师范大学出版社, 2022.8
书名原文: Not Even Past
ISBN 978-7-5598-5087-4

Ⅰ. ①甚… Ⅱ. ①托… ②叶… Ⅲ. ①种族主义－研
究－美国－现代 Ⅳ. ①D771.262

中国版本图书馆CIP数据核字(2022)第104924号

著作权合同登记号桂图登字: 20-2022-085号

SHENZHI HAI WEI GUOQU
甚至还未过去

作　　者: [美]托马斯·萨格鲁
责任编辑: 谭宇墨凡

广西师范大学出版社出版发行

广西桂林市五里店路9号　邮政编码: 541004
网址: www.bbtpress.com
出 版 人: 黄轩庄
全国新华书店经销
发行热线: 010-64284815
北京鑫益晖印刷有限公司
开本: 860mm×1092mm　1/32
印张: 7.75　　字数: 127千字
2022年8月第1版　2022年8月第1次印刷
定价: 58.00元

如发现印装质量问题, 影响阅读, 请与出版社发行部门联系调换。

To MBK.

过去的并未死亡。事实上，它甚至还未过去！

——威廉·福克纳，《修女安魂曲》

就像威廉·福克纳曾经写的一样："过去的并未死亡。事实上，它甚至还未过去！"我们不需要在这里重述这个国家种族不公的历史。但我们确实需要提醒自己，今天非洲裔美国人社区中存在的许多不平等，都可以直接追溯到在奴隶制和种族隔离制度下遭受苦难的上一代人遭受的不平等，这是一个残酷的遗产，至今仍有影响。

——贝拉克·奥巴马，《一个更完美的联盟》
费城，2008 年 3 月 18 日

目 录

引 言

　　说奥巴马当选总统标志着美国漫长种族历史的一个新时期，可谓老生常谈。一个黑人令人难以置信地升到这个国家的最高职位——而在就任总统的五年前，他还只是一个几乎没什么人知道的州参议员——这证实了很多人，尤其是一些白人的看法，即美国已经是一个后种族社会（postracial society）。至少，歧视的枷锁已经被打破，个体的品质得到了尊重，无论肤色如何。从这个角度看，黑色皮肤——其一度是美国社会最明确的差异标志，已经部分或全部地洗刷了污名。最常见的说法是，贝拉克·奥巴马超越了种族；他的父辈将非洲人和欧洲人的血融为一体造就了一个新的混血儿；他有关团结的政治观点，使那些坚持赞成种族优越性的人名誉扫地，与此同时，也驳斥了被夸大的种族不满所煽动的人，这些人坚持所谓的身份政治，可能造成社会分裂。

就像所有针对过去与现在之间关系的解释一样，那种认为奥巴马当选标志着种族发展史划时代变革的观点也不乏批评的声音。奥巴马本人给出了一个相对温和的看法，意思是，尽管在过去40年间，美国取得了相当的进步，但某些种族偏见依然存在，而且还存在某些种族歧视。在他看来，美国已大体实现了种族平等的梦想，但并不是完全实现了。另有论者，如伯克利的历史学家戴维·霍林格（David Hollinger），认为奥巴马当选预示着出现了一个新的、多彩的种族秩序，出现了一个少数群体占多数的社会（majority-minority），而在这样一个社会中，诸种僵化的种族观念正在失去市场，像平权法案等针对特定种族的补救措施也没有了存在的必要。相比之下，许多更左倾的学者和权威专家却对这种所谓的改变持怀疑态度。他们指出了奥巴马在竞选中和就职以来所遭受的各种愤怒谴责（说奥巴马是穆斯林，是黑皮肤的白种人，是巫医，是非本国公民），以此为证据，证明这个深色皮肤的人出现在白宫所激起的根深蒂固的种族主义。从杜克大学社会学家爱德华多·博尼利亚-席尔瓦（Eduardo Bonilla-Silva）所提出的最反乌托邦的视角看，非洲裔血统的总统所具有的象征意义掩盖了一个更深层、更令人不安的现实，即美国的"拉丁美洲化"，也就是说，出现了这样的一个社会，其中肤色的三分体系将取代种族划分的"一滴血规则"，但肤色最深的少数种族仍集中处在社会最底层。[1]

诸种解释是否正确还有待观察。过往充斥着各种现如今被证明是完全错误的预测——通常这些预测提出时被认为是铁律。尽管近百年来发生了种种悲剧，但历史的目的论观点仍然牢牢地限制着我们的想象力。但即使宇宙的道德之弧（moral arc）是向正义弯曲的，它也会经常偏离轨道。无论是乐观、中庸或是悲观，我们对现在或未来的看法都受我们对过去理解的影响，因此，如果我们要预测某种新事物，就意味着旧秩序似乎要过去或已经过去了。当谈及种族和平等时，我们对过去和未来的看法，取决于我们如何解释现代美国社会最重要的社会和政治运动，即民权斗争、黑人权力运动和种族平等。

凭借他的人生故事、他的种族身份和他为自己选择的种族身份、他的智慧和他的政治抱负，贝拉克·奥巴马现在不仅已是美国第一位非洲裔美国人总统，也是这个国家有关种族和民权最具影响力的历史学者。关于美国的种族不平等及其遗留问题，奥巴马偶尔直言不讳，但更多时候则含糊其词，很快就会退回到一种普遍说法上，即在国家政治中"注入种族"是一个有风险的策略。然而，即使有万般政治风险，种族这一话题还是激励了奥巴马的整个成年生活，从他在大学分析探究黑人权力运动，到他在芝加哥作为社区组织者开展工作，再到他在伊利诺伊州参议院作为政客代表黑人区开始政治事业，都是如此。还没有哪个全美知名的政治人物——至少自林登·约翰逊和马丁·路德·金之后——像奥巴马一样，在他的两本回忆录和一些关键的政治演讲中，详细地反思种族，尤其是 2008 年 3 月在费城的那次演讲，当时与他相交甚久的牧师小杰里米·赖特（Jeremiah Wright Jr.）的布道视频流出，引发了轩然大波。即便奥巴马只是随口提及种族问题，也会变成全国性新闻。2008 年 8 月，奥巴马说他自己不像美元钞票上的其他几位总统，这导致其政治对手约翰·麦凯恩指责他"打种族牌，而且从头到尾都在打种族牌"。

2009 年 7 月，在就医保问题举行的长达 50 分钟的新闻发布会的最后，针对哈佛大学教授小亨利·刘易斯·盖茨（Henry Louis Gates Jr.）被捕一事，他发表了简短的评论，这又导致连续几个星期的激烈辩论。奥巴马仅仅只是提及了 21 世纪早期美国政治环境中的种族问题，就能让批评者给他贴上种族主义者、分裂主义者和种族不满煽动者的标签，又或者正相反，对于其支持者，他就是勇敢的、具有先知气质的和一位说真话的人。

在 2005 年的政治回忆录《无畏的希望》（*The Audacity of Hope*）中，奥巴马承认，"我像一块空白的屏幕，即使是政治派别相去甚远的人都可以在上面投射自己的观点"。然而，在种族问题上，奥巴马可不只是块空白屏幕了。在整个政治生涯中，对于自身在美国种族历史中所处的位置，他形成了独特的看法，并利用这种对历史的解读塑造了自己的政治生涯。在尝试用不同的叙述方式讲述黑人权力运动、黑人政治以及公民权利的历史之后，奥巴马塑造了自己个人的和政治的身份认同，这种认同建立在对现代美国历史单一、有力且传统的解读之上。这种解读强化了种族和解的宏大叙事，认为美国走向种族族平等势不可挡，或者用奥巴马在他著名的演讲中所说的，"朝着更完美的联盟奋进"。奥巴马对种族的理解之所以具有影响力，是因为根本上的乐观主义，这种乐观主义体现了美国人对进步之必然性所持的根深蒂固的信念。奥巴马对美国种族历史的理解不光是只会在个人传记中出现的兴趣内容，因为我们描述种族不平等和民权运动历史的诸种方式——我们建构的有关过去的叙事——影响了公共政策偏好和立法，甚至更重要的是，塑造了美国人的民族身份认同。奥巴马强有力地唤起过去的历史，以传递希望与和解的声音，与其说这能为我们理解过去或过去与我们当下之间的联系带来什么启示，不如说它更多地揭示了现代美国种族政治的种种。

　　同样地，奥巴马，这位自伍德罗·威尔逊以来最为才智超群的总统，就种族歧视、经济结构调整、家庭功能失调和贫困这几个问题之间的关系，开创了一套强有力的政治实用主义分析。他将自己作为居民、社会活动家、政客而在芝加哥南区生活和工作的经历，与对种族、阶级和不平等的社会学理解结合在了一起。奥巴马，以社会科学者的眼光、经常去教堂做礼拜者的同情心，以及中间派民主党人的政治实用主义，目睹并经历了芝加哥的去工业化、城市投资减少以及每日的不安全感。结合这些特质，他建构并强化了对种族和下层阶级理解的重要转变，而这种转变也改变了世纪之交美国的社会科学和公共政策的方向。

— ◆ —

这本书讲的是不久以前的历史。时间跨度是从20世纪70年代到2009年，即奥巴马的成年生活时期。这不是传统的传记，更像是三篇主题性的短文，恰好将奥巴马置于20世纪末和21世纪初美国的政治、思想、文化和社会环境之中。奥巴马对种族的理解形成于一个特殊的历史时期——当时，社会矛盾激烈、思想观念混乱，紧随民权运动"经典阶段"之后出现了针对种族政治的激烈争论。作为非洲裔美国人的后代，他生逢其时，这代人在成年后有了几十年前难以想象的机会，但与此同时，他们生活其中的社会，种族不平等的程度也加深了。他进入公众视野时，种族争议正在城市社区和大学校园肆虐，并主导了党派政治——共和党在努力笼络愤愤不平的南方白人，民主党努力挽留心怀不满的蓝领白人。种族在20世纪后期有关福利、肯定性行动、刑事司法和教育等公共政策的关键辩论中占有重要地位。奥巴马对美国种族历史的认知，他对当下种族社会动态的解释，以及他对未来的看法，都带有其在美国20世纪60年代后成年并踏足公共生活经验的痕迹。

我试图横跨思想、文化、政治和社会历史几个不同领域，探究作为知识分子的奥巴马（一个广泛思考美国社会种族问题，且以社会科学和宗教思想思考贫困和不平等问题的人，这种思考常常非常深入）；作为政客的奥巴马（一个为建立获胜的选举联盟而打造公共形象的人，这一公共形象涉及对民权运动历史的重新解读）；以及作为政策制定者的奥巴马（一个在选择哪些公共政策要支持，哪些要弱化和忽视，以及哪些要反对时，会将思想分析和政治计算相结合的人）。

要理解奥巴马的现实生活和所处时代，我们需要审视种族和种族政治。可以肯定地说，20世纪末和21世纪初，美国很少有哪些议题会比种族更具争议。也很少有议题能像种族问题那样让学者和新闻记者有如此之强的热情。有关民权、黑人权力运动、种族意识以及不平等的辩论常常以老套乏味且在分析上有问题的表达方式体现出来，这些表达方式所反映出的道德二元论至今仍影响着我们对种族问题的理解。第一个二元对立——"种族与阶级"——影响了很多与种族有关的学术思想和自由主义新闻。无论是说种族是一种主导力量，还是一种屏障——或一种虚假意识——都遮蔽了更深层的阶级不平等。这是一个过分简单化的表达方式，没有重视种族的和经济的不利因素是如何从根本上交织在一起的，也未能有效解释一个问题，即美国经济结构产生的不平等影响了所有人，无论背景如何，但有色人种不成比例地承担了这种不平等。第二个二元对立——其在公共话语中具有特殊影响——是"种族主义与'色盲'"。这是一种病状和一种道德原则的对比，也是有缺陷的现实与理想状况的对比。同样，这种二元对立也经不起推敲。正如法学学者理查德·汤普森·福特（Richard Thompson Ford）所说，泛泛地斥责恶言的"种族主义者"，是过于看重个体信仰或个体价值观。而且，反过来说，无论个体的良好意图或温和倾向为何，强调"色盲"则是忽视且有时是加强了种族不平等的存在方式。在美国，有冰冷如石的种族主义者，也有人认为自己并没有任何偏见。从根本上讲，当前在美国最持久的种族不平等，并非阴谋或有意为之的结果，甚至也不是神经心理学家所谓的存在于杏仁核中的无意识偏见的结果；不如说这些不平等是长期的制度化的经济和公共政策遗留的问题，这些政策系统性地损害了非洲裔美国人的利益，而如果不加以改变，就会在若干关键领域持续损害美国人的生活。[2]第三个二元对立是"悲观与乐观"。美国要么仍是一个深刻的种族主义社会，要么已经基本克服了过去的种族不公正。要想对现代美国的种族有清晰的审视，就必须认识到自20世纪中期以来持续变革了非洲裔美国人生活机会的那些变化，那些变化使得奥巴马能够在美国一些最负盛名的机构有了令人瞩目的晋升并最终问鼎白宫，这些变化中的大多数都要归功于草根行动、诉讼和公共政策创新。而且，也必须考虑即便是很粗略地对人口普查数据、民意调查、健康、教育和住房的统计数据进行回顾所揭示的东西：也就是说，种族差异在美国人的生活中是深刻而持久的。这些统计数据，还有奥巴马理解和解释这些数据的方式，以及美国人对这些数据的普遍态度就是本书论及的重点。

—◆—

撰写最近的历史会有许多困难。很多作者会参与政治斗争，会出于个人或政治利益，而对一个国家的政治人物做出褒扬、持中或贬损的评价。那些挖了政治壕沟，随时准备为特定的法律而战，或者与意识形态的敌人做斗争的人，可能会忍不住将历史论证误读为一种几乎不加掩饰的辩护，或者对作者的政治观点进行假设并寻找其中的偏见。本书无意成为亲奥巴马或反奥巴马的宣传册；它不是一篇评论文章也不是政策文件。事实上，出于历史学者和社会学者的旨趣，我试图理解的，是在现代美国依旧很重要的种族现实。同时，在这里我也披露一下，我在2008年大选时投票给了奥巴马，为他的竞选活动捐了一小笔钱，而且还是其竞选活动城市政策咨询委员会的成员。我写过一些评论文章并做过公开演讲，就他的一些政策，我表达了支持，也对其他一些政策表示过怀疑甚至是直接的批评。不过，在接下来的章节里，我会尽力保持平衡。

我的目的既不是想为奥巴马写一部圣徒传记，也无意对抗他的政敌以为其辩护。这一定会让奥巴马的一些支持者很失望，例如我在普林斯顿大学劳伦斯·斯通讲座上介绍本书的早期版本时，观众中有一位杰出的学者，她就反对我的部分观点，因为，正如她所说，她"同意奥巴马说过的一切"。在接下来的章节里，我在一些地方会指出，奥巴马关于种族问题的看法存在前后不一致的情况，但不是想通过记录一份"立场改变"的记录单来抹黑他（事实上，很少有政治人物，包括普通公民，会始终保持自己的信念不变）。我的任务也不是用定义了许多非洲裔美国公众人物的原真性尺度来评判奥巴马（诸如"奥巴马是不是太黑了？""奥巴马是不是不够黑？"之类经常被提出的问题是无法回答的也是很无趣的）。同时，我的研究方法与很多总统学者不同，他们的研究会突出诸如领导力、卓越性或独特性这样一些品质（对这些品质的评价，将是与我兴趣迥然不同的新一代历史学家和政治学家的任务）。与大声辩论，写一张评分表，或参与当今的政治斗争不同，我就最近的历史提供的是一个基于历史事实的观察视角，更愿意就新闻头条做详细的分析，更愿意从长远视角考虑那些昙花一现的争论和当下的激情。

　　我将尽可能摆脱当前政治言论的束缚。例如，我会在适当的时候强调奥巴马的政治动机。这有被误解的风险，因为在现代美国社会生活中，"政治的"和"政治家"已经带有贬义。而且，奥巴马的言论也让这种误解更有可能出现。他在 2008 年竞选期间具有强大吸引力的原因之一，是他（与其他获得成功的总统候选人一样，尤其是在水门事件之后）作为反政治的政治家和改革者的身份，他让自己远离了模棱两可、自利、党派偏见和夸张，而这些本是竞选和政策制定中很难避免的。但若单纯看那些表面上的言辞，进而认为奥巴马在某种程度上是反政治的，那就忽视了这样一个事实，即他的竞选策略是与经验丰富且高效的媒体顾问、演讲撰稿人和经纪人组成的团队一起制定的。他筹集的资金超过美国历史上担任过高级职务的任何其他候选人，他用这些资金制作并传播在许多选民看来非常引人注目的形象。所以当我描述奥巴马运用民权历史（以第一章为例），将其作为政治形象塑造的一部分时，其实就是一个很直白的描述，是竞选公职的男男女女都会做的事情，而不是要给他贴上"仅仅是政客"的标签，从而玷污他的声誉。找到一个身份，对社会问题进行智性上的分析，然后以政治目的重新包装，这些并没有什么不真诚的地方。

　　本书关注的只是奥巴马政治生涯的一个方面（而且应该说，不是他在总统任期内优先考虑的那个方面）和当下美国的一个侧面（美国种族分裂和为争取种族代表和平等的长久历史）。种族问题很重要，但它无法解释当代美国政治和社会的一切。还有很多关于奥巴马的书要写——而且出于合理的理由，这些书也不会将奥巴马的种族政治话题放在中心位置。当然，出于不得已的理由，本书是有关当代美国种族、身份、不平等和权力的更大且仍未完成之历史的初稿。但本书也有更多意义，既有对历史的反思，也涉及我们如何铭记历史，运用历史，塑造历史，以理解我们的现在和我们的未来。

第一章

"这是我的故事"

> 罗莎·帕克斯 * 坐下了，马丁·路德·金才能
> 走……
> 马丁走起来了，奥巴马才可以跑……
> 奥巴马跑起来了，我们的孩子才可以飞翔！

这是 2008 年美国总统大选日之前几周广为流传的一首韵文诗。[1]这首短诗简述了贝拉克·奥巴马与美国民权运动集体记忆之间的联系。这是一个有关恩义的故事：奥巴马将成功归于上一代民权抗争者。

---

* 1955 年 12 月 1 日，在美国亚拉巴马州的蒙哥马利，罗莎·帕克斯拒绝把"有色"座位让给白人乘客。——译者注

这是一个关于拯救的故事：奥巴马的政治生涯实现了他们的梦想，即肤色不再是雄心抱负的障碍。这也是一个有关希望和承诺的故事：奥巴马的胜利将为下一代开创非凡的机会。这首诗给出了一个自然的历史解释，而且这首诗很有力，因为它为奥巴马提供了与 20 世纪最重要的社会运动相联系的政治谱系，并提供了一个目的论的观点，即美国走上了不可阻挡的进步之路。

到目前为止，显然，奥巴马当选美国第一位非洲裔总统这件事实现了罗莎·帕克斯和马丁·路德·金的目标。2008 年 11 月 4 日，用小亨利·刘易斯·盖茨的话来说，是"一个神奇的变革时刻……黑人解放斗争的象征性高潮，一个伟大集体梦想的巨大成就"。[2] 选举后几天，盖洛普民意调查报道，超过三分之二的美国人认为奥巴马的当选"如果不是过去一百年里黑人最重要的进步，那也是重要性能排前二或者前三的进步"。[3]《时代》杂志进一步强化这一信息，在一篇选举后的封面故事中说，马丁·路德·金的梦想"以谁都想不到的速度早早地实现了"。[4] 许多观察人士甚至走得更远，宣称奥巴马的当选标志着后种族时代的到来和种族历史的终结，或者用一位观察者夸张的说法就是，"这是一场地震"，使民权历史"迅速进入明显的过时阶段"。[5] 奥巴马的当选在海外引起了特别的反响，纠正了一些关于美国根深蒂固的观念，即美国的种族主义是不可能矫正的，这种想法可以追溯到 20 世纪 50 年代和 60 年代民权斗争时期的媒体报道。大选日的第二天，一位著名的法国评论家写道，"美国这样一个充满歧视和贬低的国度，朝着救赎迈出了一大步"。欧洲观察家们所谓的"奥巴马效应"，在法国、德国、意大利引发了对本国种族主义和政治的自我反思与讨论，这是对美国种族例外论的颠覆。"我们要改变对美国人的偏见和先入之念，"法国左翼日报《解放报》（*Libération*）的编辑写道，"关于民主，看来美国的确可以指点我们一二。"[6]

2009 年 1 月的就职典礼，进一步强化了一个信念，即奥巴马当选是几十年斗争的成果。两位民权要人，即学生非暴力协调委员会（SNCC）的前活动家、佐治亚州国会众议员约翰·刘易斯（John Lewis）和马丁·路德·金的副手牧师约瑟夫·洛里（Joseph Lowery），二人坐在国会大厦穹顶下的高台上，体现了奥巴马与南方自由斗争的承继关系。对于许多人来说，这是一个难以想象的时刻，他们有的在民权斗争中流血殉难；有的在格林斯伯勒、纳什维尔和亚特兰大的午餐柜台前被捕；有的在亚拉巴马州安尼斯顿外逃离一辆燃烧的公共汽车时被手持铁链的种族主义者殴打；有的在伯明翰被消防水龙、警棍和警犬残害；有的在密西西比州、费城被谋杀并被埋在土坝里；还有的在塞尔马为争取投票权而在游行通过埃德蒙·佩特斯大桥时被拖入监狱。

贝拉克·奥巴马在漫长的总统竞选期间的几个关键时刻强调了自己在不断发展的民权历史中的地位，其中最引人注目的就是他于 2007 年 3 月 4 日在亚拉巴马州塞尔马举行的演讲——也是他职业生涯中较为非凡的演讲之一——当时正在举办纪念 1965 年《投票权法案》通过的活动，台下大多是黑人观众。与奥巴马一起出席的还有约翰·刘易斯、马丁·路德·金的亲密助手牧师 C.T. 维维安（C. T. Vivian），以及阿图尔·戴维斯（Artur Davis），一位年轻的黑人哈佛大学法律毕业生，也是民主党一颗冉冉升起的新星，他希望成为亚拉巴马州自美国重建以来第一位当选州长的非洲裔美国人。

这是奥巴马最动人的演讲之一，也是一场非常精湛的表演，以非常洪亮的声调发表，一种可以从黑人教堂的讲坛上学到的修辞艺术。奥巴马似乎是在模仿马丁·路德·金，他讲话时抑扬顿挫颇有韵律，他将劝告和分析融合在一起，也会像金一样自如地使用《圣经》的意象。演讲的高潮是对"出埃及记"这一典故的扩展使用。"所以我只想谈谈摩西，亚伦和约书亚，因为我们今天见到了许多摩西。我们今天见到了许多巨人，我们站在他们肩膀上，他们的战斗不光是为了非洲裔美国人，也是为了所有美国人；是为美国的灵魂而战，而流血……像摩西一样，他们挑战法老、王公、权势者，这些人鼓吹一部分人高高在上，另一部分人则在社会底层，他们说情况恒常如此。"他将自己的承继关系追溯到了他们的斗争。"正是因为他们的努力斗争，我才得到了我所接受的那种教育、一个法学学位、一个在伊利诺伊州参议院的席位，并最终在美国参议院有了一席之地。"最终，这成了一个从束缚中解放的故事。"上一代人，摩西们的一代，指引了方向。在这条路上，他们带我们走了90%。我们需要走完最后的10%，才能跨越到另一边。"奥巴马同时也向民权斗争的前辈们表达了敬意，将自己的职业生涯看作是他们的遗产，并讲述了一个有关救赎的故事。对于那些相信争取种族平等的斗争已经接近尾声的美国人——尤其是那些白人美国人——这些话可谓一种慰藉。

如果这场长期斗争已经完成了90%，那么对剩下的10%我们需要做什么？奥巴马提高嗓门，劝告"约书亚一代"记住20世纪60年代为自由而斗争的历史，表现出前人那样的"道德明确性和使命感"，并且，在一段虔诚的黑人教徒很熟悉但大多数白人评论家会感到惊讶的即兴发言中，他呼吁父母承担起责任，批评"那些不像父亲的父亲"，并劝告一位虚构的、不负责任的"普基堂兄（Cousin Pookie）""离开沙发，去参加选举登记，去投票"。他对过去这些斗士心存敬意。演讲的核心是他对民权斗争的看法，体现了个体主动性和自我变革的斗争。"如果你想改变世界，"奥巴马郑重其事地说道，"首先必须改变你自己，这是最伟大和最可敬的几代人教给我们的东西。"对于为争取自由而做的斗争，他强化了深刻的个人主义理解，以及这种理解对情感与理智的挑战。[7]

摩西和约书亚、自由战士和国家建设者的隐喻，为奥巴马的竞选活动提供了一个强有力的框架，这个框架为这个没有根基的夏威夷人在南方自由斗争的历史中找到了根源，但只是将过去作为更辉煌未来的序幕。这是奥巴马对黑人政治从20世纪60年代中期的立法成果到21世纪初所取得的成就这一漫长历史的简化版解释。奥巴马将自己定位为马丁·路德·金和民权运动的继承人，但同时标榜自己是一位先锋的黑人政治家，抛弃了现在不合时宜的、会造成分裂的种族不满情绪，接受了主流的、"中产阶级的"（许多评论家将其理解为"白人的"）价值观，而不是迎合种族意识。摩西带领受奴役者摆脱种族压迫的束缚；约书亚会带领他们进入一个多种族的迦南乐土，在那里，埃及人和犹太人、白人和黑人、法老和先知将一起生活。奥巴马暗示了他竞选的主题：通过复兴一个共同的国家目标来建设国家，美国人可以通过超越种族、民族、宗教和党派的旧分裂来实现这一目标。而且，奥巴马为广大的政治评论家提供了一个令人叹服的——但最终是有问题的——讨论美国过去50年种族政治的框架，这个框架强调了断裂、代际分歧和新颖性，暗示美国已经果断地进入了一个"后民权时代"。[8]

但是，摩西和约书亚的隐喻，就其全部的力量而言，并没有合理地评价奥巴马与美国为争取种族平等而进行的长期且未完成斗争之间的关系。相比于传统的叙事会让我们相信的，奥巴马与民权斗争历史之间的关系，要更有力量也更加隐晦。要理解奥巴马在现代美国历史中的地位，就需要超越马丁·路德·金和帕克斯、摩西和约书亚，去了解真正的奥巴马，了解历史、记忆、传记和国家政治之间的关系。现代美国的民权历史是一段包含记忆与遗忘、包容与排斥的历史。

要理解奥巴马与美国种族历史的关系——并理解他如何将自己置于其中，包括他留在其中和剔除其外的东西——需要将他置于从20世纪60年代到当下这一充满争议的文化、思想和政治环境的背景之中。这个故事既关乎个人，同时与政治有关——一方面，这个故事讲述了奥巴马是如何被美国不断变化的种族动态所塑造的，另一方面，我们也会看到在他作为政治家而完成自己使命的职业生涯中，他是如何解读过去与现在之间关系的。本书讲述了美国种族史中一个最有争议的时期，从美国20世纪60年代后的多元文化转向开始，进入20世纪末融合的黑人城市政治，再到20世纪80年代末和90年代在思想和文化领域颇具争议的种族和"身份政治"，最后到

21世纪初的一个特定历史时刻，即虽然有影响力的记者、政客和学者都在欢呼一个后种族秩序的出现，美国仍然生活在20世纪未完成的民权斗争的阴影中。

— ◆ —

贝拉克·奥巴马，就他自己的讲述来看，不太可能成为约书亚。1961年，他出生于夏威夷，从年龄上看他太年轻，而且也离黑人的自由斗争太远，所以根本不可能对这一斗争有什么直接记忆。夏威夷在美国种族历史上有着独特的地位：它是广袤的美利坚帝国中一个多语种和多肤色的偏远之地，一个有过征服和奴役劳动等动乱历史的地方。到第二次世界大战，该岛就成为"最令人不安的地方"，在这里，亚裔美国人、欧洲裔美国人、本土岛民和非洲裔美国人混居在一起，这实在有违当时的社会规范，军方甚至担心其成为"种族混杂（mongrelization）"的温床。毫不奇怪，肯尼亚籍的老奥巴马（Barack Obama, Sr.）和欧洲裔的堪萨斯人斯坦利·安·邓纳姆（Stanley Ann Dunham）会在1959年找到夏威夷这样一个合适的地方来开始他们短暂的跨种族关系，要知道在当时，无论是他们的恋爱还是婚姻，在美国的许多州都是非法的，而且在大多数州都被认为是不符合社会伦理的。[9]

贝拉克·奥巴马回忆说，他小时候就沉浸在一个"传说"中，即夏威夷是美国的"一个真正的大熔炉"。这个传说有一定的现实基础。作为美国唯一白种人不占多数的州，夏威夷是多样化人口的家园，这里有本地岛民，还有来自中国、日本、韩国、菲律宾、萨摩亚、波利尼西亚和欧洲的定居者。没有一个群体占主导地位。成年后，奥巴马依依不舍地回忆起"夏威夷提供的机会——在相互尊重的气氛中体验各种文化"。但多样性有其局限。岛上的非洲裔人口可谓微不足道，作为其中的一员，他其实是一个种族的他者而不甚合群。夏威夷仍然受到美国"次血统（hypodescent）"规则的束缚，即哪怕是"一滴"非洲人的血，也足以污名化一个人，使其成为劣等种族。年轻的奥巴马因其肯尼亚父亲的血统而被标记为"黑人"，但又由白人母亲和外祖父母抚养长大，他发现自己正在与美国向其占领岛屿输出的种族分类斗争。[10]

如果可以说奥巴马在一定程度上曾是夏威夷混

合种族文化的产物，那么也同样可以说他的成年期属于 20 世纪 70 年代，当时，种族、族裔和民族认同的概念在全美处于深刻的变化之中。那是美国多元文化时代的开始，当时年轻的黑人回顾的是一个神话般的泛非洲历史，而"白人族裔"在几代人被赶出祖先的家园，并被鼓励抛弃异族生活方式后，开始庆祝他们的起源。曾经被污名化的东西——无论是肤色还是族裔渊源——都变成了自尊的源泉。在 20 世纪 70 年代最具影响力的自我发现之旅中，亚历克斯·黑利（Alex Haley）带领电视观众寻找他自己的——基本上是编造的——非洲之"根"。黑利给出的教益——了解你的历史就是了解你真实的自我——反映了 20 世纪 70 年代美国主流教育和文化中越来越有影响力的潮流。[11]

作为多元文化时代一个开明家庭中的孩子，奥巴马最早是从他母亲那里了解到美国的奴隶制、自由、民权和黑人权力运动的历史的，他的母亲认为自己有责任教育她的混血儿子了解自己国家的历史。她向奥巴马介绍了南方自由斗争的一些标志性照片，"主要是一些描述每年二月黑人历史月的一些有颗粒的黑白照"，她还给奥巴马讲了很多杰出的非洲裔美国人那些振奋人心的故事，如瑟古德·马歇尔（Thurgood Marshall）和西德尼·波蒂尔（Sidney Poitier）。"就作为黑人这件事，我母亲给了我一个积极的自我形象，"奥巴马在 1995 年的一次采访中回忆道，"[即使]在某种程度上，她把黑人的生活浪漫化了。"[12]

奥巴马早期关于种族和身份认同的经验在课堂教学中也得到了进一步强化。从五年级到十二年级，奥巴马都在檀香山的普纳胡学院（Punahou Academy）就读，这是那种自觉进步的学校，尤其是他在那里接受的社会研究课程，赞颂的正是种族和族裔的多样性，即使奥巴马那届毕业班超过 90% 的学生都是白人。在一张反映了该学校自觉的多元文化主义的照片中，奥巴马和他的同学一起出现在一块牌子下，牌子上写着"美国的混合种族"。普纳胡学院对不同身份的强调与 20 世纪中期美国典型的小学和高中课程大相径庭，根据这些课程的描述，美国基本上是一个盎格鲁 - 撒克逊的新教徒国家，已经吸收和同化了其他的欧洲文化，同时提出了一些老生常谈的观点，如黑人奴隶是快乐的 Sambos，重建是一段黑人暴政时期，美洲原住民和太平洋岛民是未开化的。到了奥巴马的学生时代，历史和社会课程的教科书已经开始强调国家的种族压迫史，把美国描绘成一个由许多民族组成的国家，而不是一个大熔炉，并赞颂非欧洲裔美国人对美国文化的贡献，即使这些课程仍然大多对拉丁裔、亚裔和新移民着墨甚少。[13]

高中时，贝拉克·奥巴马开始了自己对原真性的追求。他的同学回忆说，他有时把自己描述成哈帕人（hapa）——一个混血的夏威夷人——而且他经常在"族裔角（Ethnic Corner）"吃午饭，这是混血学生自己在普纳胡食堂开办的。即使他仍对自己的非洲根源感到不确定和不舒服，但他也没有接纳他的欧-美遗产。相反，他心向黑人，把头发留成了非洲式的卷发，模仿黑人篮球明星，并追求自我认同为黑人夏威夷人的伴侣。他对自我理解的探索，不可阻挡地将他引向美国大陆，引向非洲裔的美国，引向纽约的黑人住宅区哈勒姆区，引向黑人民谣的灵魂，引向在远离他童年家园的地方所发生的民权运动和黑人权力运动。[14]

青春期的奥巴马，在寻根过程中，首先接触了黑人作家理查德·赖特（Richard Wright）、杜波依斯（W.E.B. Du Bois）和兰斯顿·休斯（Langston

Hughes）的经典作品。但是他们对黑人生活的描述，并不能与奥巴马早已有的不可抑制的乐观情绪或他在夏威夷的经历产生共鸣。奥巴马在1995年的回忆录《我父亲的梦想》中写道："在每本书的每一页，在比格·托马斯（Bigger Thomas）和隐形人身上，我不断发现同样的痛苦，同样的疑问；一种不管是智慧还是讽刺似乎都无法摆脱的自我轻视。"他发现他们"筋疲力尽，非常痛苦，魔鬼就跟在他们身后"。但是，在读亚历克斯·黑利所写的《马尔科姆·埃克斯的自传》（*The Autobiography of Malcolm X*）时，奥巴马有所顿悟。正如奥巴马所回忆的那样，马尔科姆"重复的自我创造行为于我心有戚戚焉"。故事讲述的是一个童年生活在种族和族裔世界中间地带的年轻人，发现自己与一些作家很有疏离感，那些作家自己会与杜波依斯明确提到的"二重性（twoness）"相抗争，所谓的"二重性"指的是：他们一半是美国人，一半是黑人；有两个灵魂、两套思想、两个难以协调的斗争；同一具深色身体里存在的两个相互斗争的想法，而这样一具身体仅凭个人顽强的力量从而避免被撕裂扯碎。相反，奥巴马心向一个混种的男子——因为皮肤和头发的颜色，他被昵称为"底特律红发（Detroit Red）"，他拒绝了自己的白人出身，打消了"二重性"的想法，并且已经成为自信的黑人男子气概和种族自豪感的典范。[15]

奥巴马和马尔科姆的短暂接触激起了他对黑人激进主义的兴趣。20世纪70年代后期，奥巴马在高中与弗兰克·马歇尔·戴维斯（Frank Marshall Davis）成为朋友，后者是一位长期的黑人激进分子，遵循了从战后跨种族的左翼主义到更为激进的种族意识政治这样一个常见的发展轨迹。戴维斯是一位诗人、记者，有时也是劳工运动的组织者，他有一头蓬乱的灰色非洲式卷发，这是他自己对黑人性（blackness）的表达。奥巴马有点儿像被戴维斯提携的后进：两个人会花几个小时在一起喝酒，讨论黑人的生活和政治。在一次令人难忘的谈话中，戴维斯告诉奥巴马，"黑人有理由憎恨。事情就是这样"。戴维斯的这种情绪使其与那些黑人激进分子为伍，这些人已经放弃了非暴力并试图将黑人的自豪感和种族愤怒引入对立的政治。但是，奥巴马上高中时，黑人权力运动几乎没什么动静了，而到了他上大学时（从1979年到1983年）更是销声匿迹了。黑人权力运动从来也不曾像其拥护者或新闻媒体宣称的那样具有多大的力量或多受欢迎，而且到 20 世纪 70 年代末，其中许多最敢于表达的支持者也都已经筋疲力尽，派系斗争使他们心灰意冷，而警察的骚扰也使他们异常沮丧。许多对现状最不满的实干派所经历的政治冒险，也与他们 20 世纪60 年代的民族主义或马克思主义相去甚远。黑豹党成员鲍比·西尔（Black Panther Bobby Seale）成了一名励志的演讲者，后来又成了菜谱作者。种族平等大会（CORE）充满激情的成员罗伊·英尼斯（Roy Innis）和弗洛伊德·麦基西克（Floyd McKissick）已成为共和党人。其他的人则退出公共舞台，有的在监狱里遭受折磨，有的流亡海外，还有的开始隐居生活。在监狱和零星的几所校园之外，只有一些黑人激进团体苟延残喘、破败不堪。[16]

即使黑人权力运动溃不成军，但混杂着种族自豪和不满，以及对抵抗和非洲文化的赞颂，它还是继续存在，那些深夜的畅聊会便可说明这一点，从 1979年到 1981 年，奥巴马在加州文理学院（Occidental College）上学时会与黑人同学一起参加这些畅聊会，甚至还会在哈勒姆区的街道和商店中参加这些畅聊会，而哈勒姆区则是他之后三年半的时间里在哥伦比亚大学就读并作为纽约市居民而有深入了解的地方。他花了很长时间"从曼哈顿的一端走到另一端"，拜访哈勒姆区的阿比西尼亚浸礼会教堂（Abyssinian Baptist Church），在街区的篮球场投篮。20世纪80年代初的纽约是美国最多样化的城市，有独特的种族仇恨历史，是美国黑人民族主义者最集中的大本营，从20世纪60年代末期开始，由于晦涩难懂的宗教争论，这些黑人民族主义者牢骚满腹、四分五裂，尽管如此，他们却坚信白人美国的种族主义不会减少分毫，也对警察镇压充满愤怒，由此他们找到了唯一的一项共同的事业。

马尔科姆·埃克斯的影响以及对黑人分离主义和种族意识的迷恋，这些都驱使奥巴马参加纽约的泛非洲纪念活动，前往哈勒姆区第125街著名的"演讲者之角（Speakers' Corner）"，走进黑人民族主义者的书店，以及，最难忘的，还是去参加黑豹党组织创始人夸梅·图雷（Kwame Ture，Stokely Carmichael）做的一场校园讲座。图雷的讲座让奥巴马感到不安，特别是当这位演讲者因一位善意听众的"布尔乔亚心态"而责备她时。即便奥巴马从未真正接受过黑人激进主义，但他仍然，至少在一段时间内，对其有过同情。[17]

— ◆ —

如果说奥巴马并没有认真对待黑人民族主义，那他在芝加哥做社区组织者的那段经历（这是我在第二章中会转而讲述的），则让他初步了解了漫长的黑人自由斗争中的另一个潮流，这一潮流几乎与黑人民族主义一样激进，并建立在黑人社区意识之上，即使其中的参与者避开了种族分离主义的目标："真正激发我的，"奥巴马在 2007 年接受采访并回忆其早年职业生涯时说道，"是民权运动。如果你们问我当时的榜样是谁，那很可能是鲍勃·摩西（Bob Moses），知名的 SNCC 组织者……还有那些真正曾让我深受启发的人——约翰·刘易斯（John Lewises）、鲍勃·摩西、范妮·阿梅尔（Fannie Lou Hamers），以及埃拉·贝克（Ella Baker）。"奥巴马对这些活动家的选择以及他用的过去时态表达，使我们能就他的种族政治主张及其流变有一个颇具启发意义的简单理解。[18]

这四个人是非暴力自由运动中最激进的——他

们都不是共识的建立者。约翰·刘易斯对 1963 年"向华盛顿进军（1963 March on Washington）"运动组织者的鼓舞与激励令人印象深刻，当时他起草的演讲稿严厉地批评了肯尼迪政府在民权问题上采取的渐进主义做法，即便在压力之下，他同意删除其中一些最具煽动性的言论。到了 1964 年，刘易斯在北部旅行时加入了越来越激进的街头抗议活动，比如发生在纽约皇后区罗奇代尔村（Rochdale Village）的一次活动，当时他尖锐地提出，"黑人必须反抗，不仅要反抗白人的权力结构，同时也要反抗那些会让黑人的行进速度慢下来的黑人领导"。至于阿梅尔，尽管休伯特·汉弗莱（Hubert Humphrey）、约瑟夫·劳（Joseph Rauh）、沃尔特·鲁瑟（Walter Reuther）等自由派名人恳求她就密西西比自由民主党在 1964 年民主党全国大会中所主张的全权代表席位问题做出妥协，但她拒绝了。令民主党内领导人——包括林登·约翰逊总统在内——大为光火的是，她拒绝以牺牲种族正义为代价维护党内团结。[19]

特别是贝克和摩西，他们为奥巴马提供了有趣的类比。两个人都在北方开创自己的事业。贝克是 20 世纪 30 年代活跃在哈勒姆区的左翼活动家，执掌由民权活动人士和共产党人组成的人民阵线联盟（Popular Front）。摩西是土生土长的纽约人，也是一名学校老师，他领导了 SNCC 在密西西比河三角洲的大部分幕后组织工作。二人——像在芝加哥南区工作时期的奥巴马一样——将社区组织工作视为一门学问，而不仅仅是一种策略（虽然二人出身于不同的组织传统，但这些传统之间也有联系）。贝克和摩西都是他们那一代人里最受敬重的活动家，都非常内敛，更愿意待在后台，做那些艰难且日常的组织工作，而很少充当社会运动的代言人，而且即使对最亲密的同伴，他们都不会公开自己的个人生活。但奥巴马与这二人截然不同，他很快就知道了自己的个人故事有强大的力量，并将其融入自己的演讲、写作和采访之中。奥巴马是一个政治活动家，他的敏感性和行事作风产生于 20 世纪 60 年代的悔罪文化；相比之下，贝克和摩西展现出的是一种沉默寡言的风格，这基于一种观念：归根结底，他们个人的故事并不重要。[20]

20 世纪 60 年代，摩西、贝克、阿梅尔和刘易斯在他们的工作中结合了预见性的和破坏性的元素。每个人都致力于投票箱的力量，但是只有刘易斯和阿梅尔渴望担任政治职务。基层的组织工作和抗议行动培养出的技能并不能轻易转化为选举政治和立法中需要的技艺。阿梅尔为进入国会参与过两次堪称不切实际的竞选活动，但她竞选时，《南区投票权法案》（Voting Rights Act South）刚刚通过，因此她遭遇了无法逾越的障碍，到20世纪60年代末，她还参加了福利权运动，主张扩大贫困妇女的公民权——并呼吁福利的去污名化。从根本上说，比起政治家，她更像是一位先知。无论摩西还是贝克，都不像大多数草根活动家那样，对选举政治抱有渴望。他们更喜欢待在幕后。相比之下，刘易斯最终在佐治亚州一个黑人占压倒性多数的国会选区成功被选为国会议员，尽管比起影响立法，他更多用其职位凭良心发声，并担负起在全国范围内为种族平等鼓与呼的责任。

— ◆ —

作为民权与黑人历史的狂热读者，同时作为黑人社会运动的敏锐观察者，奥巴马对界定黑人政治的融合主义（syncretism）有深刻的理解。在他1988

年写的一篇文章中，奥巴马认为："从杜波依斯到布克·T. 华盛顿（Booker T. Washington），从马库斯·加维（Marcus Garvey）到马尔科姆·埃克斯，再到马丁·路德·金，这场内部辩论在种族融合与民族主义之间、在和解与激进之间、在静坐罢工与会议室谈判之间激烈地展开。这些策略之间的界限从来都没有被简单地划分出来，而且最成功的黑人领导人已经认识到需要弥合这些看似不同的态度。"奥巴马觉察到了最根本的实用主义，正是这种实用主义长期鼓舞了黑人争取自由的斗争：很少有活动家在意识形态上是纯粹的。他们辩论、修正，以及重新阐述自己的政治立场，拒绝那些似乎不奏效的策略，试验新的策略，并结成联盟，而对许多期望看到在意识形态上保持一致性的外部观察者来说，这样的联盟简直不可思议。民权运动和黑人权力运动从根本上说是以大多数评论家不能理解的方式交织在一起的，这些评论家掉入了二元论框架的陷阱，将二者置于不可调和的对立境地。[21]

奥巴马对种族融合与民族主义之间以及马尔科姆与马丁之间协同作用的描述，很贴切地描绘了 20 世纪 60 年代后的美国黑人政治。在奥巴马经历的那些年月中，美国政治的色彩已经发生了戏剧性的变化。1965 年，全国仅有 193 名黑人担任由选举产生的职务；仅仅过了 20 年，也就是奥巴马开始在芝加哥作为社区活动家和政治组织者工作的那一年，这一数字上升到了 6,016。但是黑人政治无法被简单定义。这一现实是奥巴马在 1985 年夏天搬到芝加哥后发现的。这座城市的种族政治处于不断变化之中，这很大程度上是因为哈罗德·华盛顿（Harold Washington）的崛起，他于 1983 年当选为该市第一任黑人市长。

像许多黑人政治家一样，这位华盛顿先生并非要么是摩西，要么是约书亚，或者要么是种族融合主义者，要么是有种族意识的激进分子，而是兼而有之。从《权利法案》的通过到奥巴马开始他的总统竞选，黑人选举政治在过去 40 年的时间里绝非铁板一块，一成不变。一些政治人物是黑人权力运动的后继者，尤其是在黑人占多数的社区拥有安全议席的那些，他们不依赖白人的选举支持，而且可以运用基于种族的明确呼吁来动员他们的支持者。他们有动机采纳一种与种族自豪和种族意识有关的政治观点。在屈指可数的几个黑人占多数的城市（尤其是纽瓦克、加里、华盛顿和底特律），黑人候选人经常穿着花衬衫，对白人进行夸张的谴责，并从黑人权力运动的角度描述他们的候选人资格（尽管许多真正的黑人权力倡导者缺乏对赢得选举而言必要的耐心、政治技巧和接受两个主流政党"拉拢"的意愿，相反，许多表面上的激进分子却能够与白人商业领袖和民间精英和平相处）。科尔曼·A. 扬（Coleman A. Young）在底特律市长职位上服务了20年，他谴责郊区的白人，并主张自己"首先是个黑人，然后才是民主党人"，激起了黑人选民的热情支持。纽瓦克的夏普·詹姆斯（Sharpe James）指责批评自己的黑人背叛了种族，说他们都是些汤姆大叔之类的人。华盛顿特区的马里恩·贝瑞（Marion Berry）则宣称对其市长任期丑闻的揭露是白人的阴谋，这让他的政治生涯有了第二春。在种族分化的城市，国会选区、州立法机构选区和市议员选区，往往都分成了不同的派别和集团——而且，在那里，政治职位的候选人（黑人和白人都是）也经常发现，煽动选民恐惧，或迎合他们的地盘意识是有好处的。有那么一段时间，尤其是在20世纪70年代，在黑人占多数的选区，竞选海报不再是典型的红、白、蓝三种配色，而是代之以泛非洲旗帜的红、绿、黑三种配色。[22]

即便黑人权力运动的言辞和支持者主导了广播和电视，但它只是 20 世纪 60 年代之后黑人政治中的一条线索。从 20 世纪 60 年代开始，许多影响和成就都很大的黑人政客都是联盟建设者——无论是性格使然还是情势所迫。在关于民权时代的政治叙述中，有一个人几乎被人们遗忘了，那就是爱德华·布鲁克（Edward Brooke），他是马萨诸塞州的黑人共和党党员，在 1966 年赢得了美国参议院选举，当时该州白人占全州人口的 97%，而且种族环境极端紧张。那年夏天，斯托克利·卡迈克尔（Stokely Carmichael，即夸梅·图雷）说出了著名的"黑人权力（black power）"；福利权利活动家在州议会厅示威；反对用校车接送跨区学童的活动家皮克西·帕拉迪诺（Pixie Palladino）和路易丝·戴·希克斯（Louise Day Hicks）在波士顿的爱尔兰和意大利社区赢得了广泛的支持。然而，布鲁克却与马萨诸塞州两极化的种族政治保持距离：最值得注意的是，他与卡迈克尔保持了距离，并说服郊区和小镇的白人，让他们相信自己是一个善治的且对财政支出负责任的候选人。结果，他以相当大的优势获胜，赢得了许多民主党选民的支持，虽然他在波士顿损失惨重，没能获得愤愤不平的蓝领白人的选票，但是由于他的联盟对象非常广泛，所以这部分选票对他而言没那么必要。作为共和党党员，布鲁克是黑人政治家中的异类，但他们中的许多人也面临着同样的挑战，即如何在白人占多数的管辖区赢得重要官职。[23]

在布鲁克当选后的 30 年时间里，有 67 个人口超过五万的城市选举了黑人市长，几乎都是民主党党员。其中的大多数城市都是白人占多数。许多黑人领袖——甚至是那些受过有争议的社区管控的人和那些参与过 20 世纪 60 年代黑人权力运动的人——都跨越了种族界限促成政治联盟，尽管这样一种种族主义和反自由主义的混合，使得他们中的大多数人无法赢得占多数的白人的支持。1973 年，汤姆·布拉德利（Tom Bradley）赢得洛杉矶市长选举，洛杉矶的黑人人口相对较少（黑人人口数量仅占全市居民的 17.7%），而且还在 1965 年洛杉矶瓦茨区黑人骚乱造成的分裂遗留问题中苦苦挣扎。1983 年，威尔逊·古德（Wilson Goode）当选费城市长，他的政治生涯同样从一名社区组织者开始，并因"向贫困宣战（War on Poverty）"这一立法运动而获得了相应的资金。费城是个白人占多数的城市，而威尔逊·古德获得了将近四分之一白人的支持。在许多其他白人占多数的城市，黑人得到白人支持并赢得民选职位的情况也出现过，如巴尔的摩、纽黑文和丹佛。[24]

黑人在选举中获益的情况（1965年《投票权法案》颁布之后新建立的少数族裔占多数的选区之外）在南方出现的比较晚，但是在南方，有志于担任州级职务的黑人政客，也建立了成功的跨种族选举联盟。1983年，北卡罗来纳州夏洛特市的选民将温和的黑人商人哈维·甘特（Harvey Gantt）推上了市长之位，夏洛特是一个白人占多数的城市，也是新南方（New South）的堡垒，这个地方在民权和取消学校种族隔离问题上有着深刻的分歧。在1990年美国参议院激烈分化的竞争中，甘特以极其微弱的劣势输给了当时已经加入共和党的杰西·赫尔姆斯（Jesse Helms），后者玩弄种族配额，操纵白人对失业的恐惧，以此来凝聚支持者。弗吉尼亚，这个州的首府曾经是南方邦联的首都，其在1989年选出了一名黑人民主党州长道格拉斯·怀尔德（Douglas Wilder）。这两位候选人都转向了其黑人选民中偏右的那部分，把自己定位成亲商业的社会温和派，他们正确地预估到自己会失去极少数黑人的支持，但同时会获得白人的支持。他们二人，一个跨越了种族鸿沟，另一个也差不多如此，而且都是在有着长期种族仇恨历史的州。[25]

在全国层面，情况也是如此，摩西和约书亚之间的界限也很模糊。非洲裔美国妇女，很多都是联盟的建设者，在重整自由主义政治方面有决定性作用。1968年，来自布鲁克林的雪莉·奇泽姆（Shirley Chisholm）当选国会议员，成为第一位非洲裔民主党总统候选人。1976年得克萨斯州国会女议员芭芭拉·乔丹（Barbara Jordan）做了一次著名的基调演说，提名吉米·卡特（Jimmy Carter）[需要指出的是，卡特的中间派总统候选人资格得到了科尔曼·扬等所谓的种族激怒者（race baiters）的热烈支持]。奇泽姆和乔丹从全美层面看走得并不远，这与其说是因为他们只是一直沉浸在民权时代种族意识身份政治之中的政治家，倒不如说是因为大多数白人选民还不愿跨越种族鸿沟。

有多种潮流影响了黑人城市政治，它们齐齐奔流于20世纪的芝加哥。由于该市强大的民主党机器（Democratic machine），芝加哥黑人和白人联盟——以及合作——的历史由来已久。从20世纪20年代开始，许多有抱负的黑人政治家与该市民主党政治机器和解，以此来获取一些选举胜利后会给予支持者的政府职务（patronage job）、一点零花钱和一点点权力。在这一政治机器的支持下——并以政治独立性为代价——奥斯卡·德普里斯特（Oscar de Priest）、亚瑟·米切尔（Arthur Mitchell）和威廉·L. 道森（William L. Dawson）成了 20 世纪美国头三位黑人众议院议员。随着该市人口在第二次世界大战期间日益增长，芝加哥的白人领导层开始给予黑人选民更多关注，虽然他们还是很吝啬，会把最好的市政职位留给白人。到 20 世纪 60 年代，民权和黑人权力活动家越来越多，他们开始反抗这台机器，发起了一个虽小但精神独立的运动。这台机器对黑人选民的控制力在 20 世纪 60 年代和 70 年代变弱，由于戴利（Daley）政府的反民权和没有任何限制的法律与秩序政策，该市的黑人被大大疏远了。20 世纪70 年代和 80 年代，之前的民权和黑人权力活动家开始竞选政治职务并赢得胜利，其中包括奥巴马在第一次州参议院竞选中的对手爱丽丝·帕尔默（Alice Palmer）；以及他 2000 年国会竞选失败时的对手、黑豹党前成员鲍比·拉什（Bobby Rush）。[26]

没有人比哈罗德·华盛顿更好地体现了黑人选举政治的融合性。他借助芝加哥的政治机器走上前台，但随后切断了与这台机器的联系，摇身成为一名改革派候选人。为赢得选举，他制定了双重战略：既诉诸黑人选民的种族自豪感和不满，同时又与跨种族选区接触。他上任时，城市黑人正在强烈反对里根政府，当时里根政府的经济政策恶化了城市中心的经济状况，其"新联邦主义"导致城市支出逐渐减少，而且对肯定性行动和福利的挑战也强化了种族方面的刻板印象。哈罗德·华盛顿大获全胜，因为他的基本盘是非洲裔美国人，其中有大量的人参与了投票——在一次大规模的选民登记动员之后，70%符合条件的黑人选民参加了投票。[27]

黑人觉醒运动所具有的政治影响力给奥巴马留下了深刻印象。他注意到，芝加哥的黑人"是带着对亲戚才会有的亲切与喜爱之情"来谈论他们那位市长的。他们称呼他是哈罗德，而不是叫他华盛顿市长（同样的情况也发生在马丁、马尔科姆、休伊和杰西身上——而且，20年之后，在理发店、教堂和黑人博客圈，人们谈论的也不是奥巴马总统，而是贝拉克）。华盛顿获胜后，成千上万的芝加哥黑人走上街头庆祝，这是一场盛大的表达，表达了他们的种族自豪感，还有喜悦，因为他们战胜了该市长期以来白人占据主导地位的权力结构。20世纪80年代中期，当奥巴马走过芝加哥南区时，他几乎无法不注意到哈罗德的画像。"他的照片到处都是：在修鞋店和发廊的墙上，最近选举活动的那些照片还在街灯柱上粘着……就像一些保护性的图腾。"[28]

黑人对华盛顿的忠诚一定程度上是出于群体自豪感，另一方面也是出于自身利益的需要。政治权力给城市黑人带来了实际的经济利益。到20世纪60年代，公共部门已经成为黑人工人向上流动的重要途径，尽管他们大多被限制在非技术性的、最底层的工作类别上，如环卫工作。包括芝加哥在内的许多城市，市政工作都由工会把持，也是有保障的，有优厚的医疗和养老金福利，而且其为迅速消失的制造业工作提供了有吸引力的替代选择。但黑人工人并不满足于这些最低层次的体力劳动。有了民权运动的赋能——及其对工作、尊严和自由的呼吁——他们要求被纳入待遇较好且大多是白人从事的消防、警察、教师和文职工作。同时，黑人企业要求获得机会参与承揽利润丰厚的市政合同。华盛顿的当选带来了真实的利得。像其他黑人市长一样，他雇用了更多的黑人工人，扩大了肯定性行动计划，并与更多少数族裔开办的公司签署了市政合同，在这一过程中，他消除了多年来那台政治机器对他们这群人的忽视。[29]

但是华盛顿不仅仅是"黑人候选人"或者"黑人市长"，虽然在种族两极分化的芝加哥，黑人选民以压倒性多数支持他，白人选民强烈地质疑他的候选人资格。1983年，芝加哥81%的白人——主要是民主党人——没有支持民主党，反而支持共和党的伯纳德·埃普顿（Bernard Epton），虽然没能获得选举胜利，但也只差了几千票。*但是华盛顿从芝加哥迅速增长的拉丁裔人口和白人自由主义者那里获得了支持，后者还为他提供了竞选资金和足够的选票，将他推上高位。成为市长的华盛顿回报了他的支持者，尤其是非洲裔美国人，在他的政府里为他们提供了很多职位，即使芝加哥臭名昭著的"市议会战

---

* 根据当时的竞选结果，华盛顿获得668,176张选票，而埃普顿获得619,926张选票，两者相差近五万票，不是原文说的数千票，但换算成投票支持率，则华盛顿为51.72%，埃普顿为47.99%，相差不算大。——译者注

争（council wars）"——由强势的、有种族偏见的市议员爱德华·弗尔多利亚克（Edward Vrdolyak，人称"Fast Eddie"Vrdolyak）领导——推迟了许多市长的任命。与此同时，华盛顿在他的周围组建了一个跨种族的顾问团队，其中有两人后来成为奥巴马核心顾问团队成员：戴维·阿克塞尔罗德［David Axelrod，犹太裔美国人，前新闻记者，在其职业生涯中曾帮助管理过许多黑人市长的竞选活动，包括底特律的丹尼斯·阿彻（Dennis Archer）、克利夫兰的迈克尔·怀特（Michael White）和费城的约翰·斯特里特（John Street）］；瓦莱丽·贾勒特（Valerie Jarrett），一位非洲裔美国人，律师，是后华盛顿时代芝加哥政治和房地产的主要参与者。华盛顿还与重要的白人政客和解［在库克县（Cook County）政府职位竞选时，他支持理查德·M. 戴利（Richard M. Daley）和奥里莉亚·普辛斯基（Aurelia Pucinski），前者是他曾经的对手、长踞政治机器领导人的儿子，后者则是强力的国会议员、白人族裔发言人罗曼·普辛斯基（Roman Pucinski）的女儿］，华盛顿又通过削减芝加哥市政薪资开支，减少市政府债务，以及恢复城市良好的信用评级，努力摆脱了芝加哥商业精英对他的猜疑。结果就是，芝加哥的黑人民族主义者——其中大多数曾经竭力支持他的候选人资格——指责他是"迁就主义"。华盛顿一方面团结各方建立联盟，同时在另一方面又能迎合他的黑人基本盘，这种能力是他制胜的法宝，25年之后，奥巴马也要凭此获取胜利。[30]

华盛顿掌权之际，另一位即将走向全国舞台的芝加哥人也在进行政治上的重塑，他就是牧师老杰西·杰克逊（Reverend Jesse L. Jackson, Sr.）。作为小马丁·路德·金的助手，杰克逊在黑人政治中也曾经走过一条迂回曲折的道路，不容易被轻易定性。他是20世纪60年代中期南方基督教领袖会议"粮仓行动（Operation Breadbasket）"的领导者，倡导经济一体化，在马丁·路德·金被暗杀之后，他转向黑人权力运动，而到了20世纪70年代早期，他又鼓吹建立只有黑人的政党。20世纪80年代，杰克逊还断断续续与共和党人眉来眼去，部分是由于他不信任芝加哥的白人民主党主力，部分是因为他当时坚决反对堕胎合法化。但是华盛顿成功建立了少数族裔和自由派白人的联盟，这也给杰克逊指明了另一条道路。20世纪80年代，杰克逊抛弃了他的社会保守主义，形成了一种新的政治观点，强调经济和种族公正之间的相互联系——这就回到了激励马丁·路德·金政治生涯的一个主题。[31]

　　杰克逊的政治投机，他对作为民权运动领袖重要性的独特强调或者如有些人所说的夸张，以及他在意识形态方面的前后不一致，都招致了批评者们的猛烈抨击，但即使有这些不利因素，他还是在20世纪80年代中期，为民主党政治做出了突出贡献。比起认为种族两极分化是既定前提，杰克逊主张的是跨种族的联盟建设，接受党内的多样性，但也呼吁阶级政治，允许黑人、白人和拉丁裔基于共同的经济利益而结盟。他把这种结盟称作"彩虹联盟(rainbow coalition)"。令政治评论家们大吃一惊的是，1988年，杰克逊在十一个州赢得了民主党的初选和党团选举，其中还包括密歇根州，这可是里根民主党（Reagan Democrats）的起点，在这个州，他成功吸引了底特律的黑人以及因该州糟糕的经济而受害的白人工人阶级选民。尽管他在选举活动中有过不少暴论——最有名的就是他具有反犹太主义色彩的嘲讽，认为纽约是"Hymie Town"——但他仍然继续推动超越种族的政治活动。1988年民主党全国代表大会是美国最近历史中最难忘的事件之一，杰克逊在会上发表了讲话，讲话的主旋律便是种族和解，而 20 年后，这一旋律也会在奥巴马的竞选活动中回响。杰克逊具有明显的街头智慧，有时他会过度夸张，说些鼓动性言论，而且他的经历也阻碍了他升任更高职位，尽管如此，他所传递的信息——他赞颂美国是一床"拼布被子"，多样而统一——其实质与奥巴马想要传递的信息惊人地类似。尽管他身上只体现了一个过于简单的政治谱系，但曾任华盛顿新闻发言人的奥尔顿·米勒（Alton Miller）对他的观察没什么错，即"哈罗德的所作所为有助于提高杰西的可信度，而杰西的所作所为则有助于提高贝拉克的可信度，就这么回事"。[32]

尽管奥巴马与华盛顿和杰克逊有密切关系，但他对芝加哥这两位非常杰出的黑人政治家的态度很矛盾。华盛顿早逝后不久（他于 1987 年去世，距他开始第二个任期只有几个月时间），奥巴马写道："哈罗德·华盛顿和杰西·杰克逊无疑是众多人物中两个令人瞩目的例子，他们展现了民权运动的活力和激情是如何传递而被用于争取更多传统政治权力的。"奥巴马赞赏华盛顿与芝加哥政治机器抗衡的举动。但他没有将华盛顿理解为一个联盟的建造者，而是把他描述成种族政治意识的化身，特别提到了已激发起黑人选民的那种"全国范围内激增的政治赋权热情"。但在奥巴马看来，华盛顿主政时期"唯一成功的原则"就是"得到我们应得的一份"，即尽力运用市长任期权力推动黑人群体的发展，而这还不够。奥巴马怀疑，像华盛顿市长任期之类的黑人权力，除了具有"重要的象征意义"，就没有其他作用了。奥巴马所忽视的，也许是华盛顿相对进步政策中最重要的部分：他努力将社区发展一揽子补贴用于邻里群体，将发展资金转向建造经济适用房，以及加大资本支出改善城市贫困及劳工阶层的社区。这些举措中的每一项都遭遇了巨大阻力，有的来自开发商和规划者，他们更偏爱大规模的城市中心区再开发项目，还有的来自市议会中华盛顿的反对者。总的来说，奥巴马还是重复了一些政治分析人士的看法，认为黑人升入城市权力高位不过是一种"无用的奖赏"，在工作逐渐消失、人口稳步下滑，以及税收锐减的当口，这种对地方政府的接管只是可疑的胜利。为芝加哥黑人提供的市政职位，不足以抵消数十年投资减少的影响。政治机器对黑人企业家的荫庇也不会使穷人受益。而且，摆在城市居民面前的问题之大，已经超出了任何一个民选官员解决问题的能力。[33]

— ◆ —

1988 年，当奥巴马离开芝加哥前往哈佛法学院时，他很快发现自己身处种族战场的中心，战场的激烈程度丝毫不亚于哈罗德·华盛顿所在的芝加哥，即使赌注没有那么高。应该说奥巴马是芝加哥"市议会战争"的局外人，但他深深卷入了 20 世纪 80 年代末期和 90 年代初期的"文化战争"——有关种族、身份和政治方面的小规模冲突在校园和公共知识分子中特别突出。这场文化战争对奥巴马的思想发展有深远影响，从根本上改变了他对种族政治的理解。20 世纪 90 年代初，奥巴马开始远离他所认为的已经极化的民权运动与种族政治，向强调种族和解的立场前进。

如果说民权运动与黑人权力运动之间的差异——马尔科姆与马丁之间的差异——在实践中总是很模糊，但到了 20 世纪 80 年代中期，尽管经常充满争议，记者和学者们还是在二者之间划出了清晰的界限，认为这是一场二元对立的斗争，一方是公民的普遍主义，另一方是狭隘的特殊主义。越来越多的白人自由主义骨干呼吁恢复"新政"秩序，渴望回到过去，当时共同的阶级意识取代了分裂的族裔种族政治。还有一些人呼吁恢复"机会与平等"这一美国的普遍信条，拒斥种族意识和多元文化主义。他们在里根时代写作，对社会民主式微感到失望——但他们开始走向封闭，针对自由主义"正在瓦解"这件事，比起保守派，他们对有种族意识的左派的指责更甚。20 世纪 80 年代后期，由于对种族冲突高调的宣传，特别是在纽约，他们的危机感加剧了。他们将注意力集中在主张种族分裂的街头抗议上，这些抗议由愤怒的雄辩家领导，这些人通常并无庞大的组织根基，但才智过人，其中最突出的当属牧师阿尔·沙普顿 [Al Sharpton，其以塔瓦纳·布劳利（Tawana Brawley）辩护人的身份，在 1987 年末突然登上全国舞台，塔瓦纳·布劳利是一位非洲裔美国青年，头条新闻曾大肆报道他暴力强奸和掩盖罪行的故事，后来证实这一切都是编造的]。同样要对种族极化负责的还有科尔曼·扬和夏普·詹姆斯。主流媒体对这些"种族男性"的偏爱掩盖了数量更多、行事更低调而影响力更大的社区活动家、牧师和政治领导人,其中许多都是女性（在争取黑人自由的斗争中被遗忘的米利暗们）,他们通常不在镜头前抛头露面。有影响力的记者几乎都忽视了那一大群黑人政客,他们缔造了跨种族的联盟,而且经常与白人的政治和商业领袖有密切合作。[34]

　　同时,一群有影响力的学者和记者,运用他们令人敬佩的才智,重述了民权运动的历史,尤其是在北方的民权运动,但通常是从愤愤不平的工薪阶层和中产阶级白人的视角出发的。他们对波士顿公共汽车危机（busing crisis）和布鲁克林种族冲突的叙述——北方自由斗争中最血腥的两个战场——表达了对城市少数族裔的支持和同情,这些城市少数族裔认为肯定性行动是零和游戏,也对学校废除种族隔离不满,认为其是一种"豪车自由主义"式的干涉,而且他们对民权领袖将他们的政治主张阐述为根深蒂固的种族主义也表达了强烈的不满。在这些叙述中,白人工人阶级和中下阶级北方人——他们中的一小部分曾经支持过黑人自由斗争,甚至在斗争达到顶峰的 20 世纪 60 年代也是如此——被重塑为善良的、刚刚发展起来的种族自由主义者,如果不是因为民权运动和黑人权力运动的"过激行为"而被疏远，他们早就加入跨种族联盟了。[35]

20世纪80年代末和90年代初，关于种族和身份认同的类似争议也在大学里翻腾，其中就包括奥巴马所在的哈佛大学。一群直言不讳的跨种族左翼人士，大部分都来自人文学科和法学院，欣然接受了多样性和差异的政治观点。他们的反对者，混合了四面楚歌的校园保守派、不满的自由主义者和公共知识分子，他们奋起反抗，保卫大学。校园文化战争中最激烈的战斗是关于种族和代表制的：也就是说，高等教育中肯定性行动的长处，以及将妇女和少数族裔纳入课程的问题。差异和种族意识应当在课堂上培养吗？或者说高等教育的使命应当是培养无视肤色的"色盲"和主张普遍性吗？右翼人士给主张差异的人贴上"政治正确"的标签，而左翼人士则认为，他们的对手忽视了被压迫之人的声音。[36]

1988年秋，当贝拉克·奥巴马到哈佛法学院时，他发现自己身处这场文化战争的东线战场。哈佛大学因为课堂上的种族政治和教职员工的种族构成而饱受争议。1988年春，就在奥巴马报到前的半个学年，校园内部出现了激烈的分歧，当时历史学教授斯蒂芬·特恩斯特伦（Stephan Thernstrom）对种族问题极端冷漠，这引发了相应的指责。在该教授开设的种族与族裔课程中，有学生指责他指定学生阅读的都是支持奴隶制的文章，而不是从奴隶角度出发的叙述，认为这压制了黑人的声音，而且还指控他利用其课程就肯定性行动、黑人家庭和城市贫困问题传播保守观点。斯蒂芬教授反驳说，他的批评者实行的是当世的"麦卡锡主义"，压制他们的学术对手发声，并在课堂上强行推行令人窒息的左派意识形态统一。[37]

哈佛法学院在 20 世纪 80 年代后期尤其是个有争议的地方，以至于它被戏称为"法学教育的贝鲁特（Beirut of legal education）"。在奥巴马进入哈佛大学的第二年（1989—1990 年），法学院爆发了种族争论。当哈佛法学院没有向客座教师雷吉娜·奥斯汀（Regina Austin）——一位来自宾夕法尼亚大学的非洲裔美国人——提供工作机会时，法学院黑人学生会（奥巴马是该会成员）指控院长搞种族主义，谴责哈佛从来没有给过黑人女性终身教职，并且有终身教职的非白人教职工也屈指可数，同时，他们还领导了一系列教学抗议活动，包括在院长办公室静坐、要求法学院多元化。法学院第一位被授予终身教职的黑人教师德里克·贝尔（Derrick Bell）以"良心为由请假"，罢课以示抗议（后来他辞去了教职）。保守法律团体联邦主义协会（Federalist Society）哈佛分会的成员批评了肯定性行动，并认为，任何在哈佛学生和教师中强制推行多样性的政策都会破坏任人唯贤的原则，进而放弃了高标准的要求。双方都披上了民权运动的外衣。黑人学生声称，他们的抗议是黑人自由斗争的传统——确实，在一次集会上，奥巴马将贝尔比作罗莎·帕克斯。保守派学生则反驳说，他们忠于马丁·路德·金提出的"色盲"社会愿景，而奥斯汀的支持者则是分裂性身份政治的实践者，这种政治根植于黑人权力运动。[38]

尽管对奥斯汀和贝尔都表示同情，但奥巴马仍然将自己定位成一个可以为辩论带来礼貌氛围从而可以调和哈佛时下出现的激烈分歧的人。他既不谴责他的那些批评者，也不斥责那些好辩者。用布拉德福德·贝伦森（Bradford Berenson）——一名保守派学生，后来在布什第二届政府中任职——的话说就是，"尽管他显然是一个自由派，但是在保守派看来，在这场部落战中，他并没有偏袒哪一方"。奥巴马所处的中间位置，使他能够建立一个由自由派和保守派组成的获胜联盟，凭此在 1990 年 2 月当选为《哈佛法律评论》主席。在那年晚些时候，在对肯定性行动政策进行法律审查所引发的争议中，奥巴马再次试图调和相互对立的阵营。他一方面为肯定性行动的原则辩护，同时表示他尊重反对者所持信念的"深刻和真诚"。他主张说，种族偏好会"强化"期刊审稿人的"典型偏见"，但不会"以哪怕一点出色编辑工作的'较低标准'为代价"。奥巴马的斡旋仅仅短暂熄灭了哈佛大学的文化战争之火。法学院继续急剧分化。同样地，这一时期发生的事对奥巴马形成自己的种族问题意识具有决定性的影响。[39]

奥巴马在哈佛的经历减弱了他对黑人自由斗争中种族意识政治的同情。他对和解而非对抗的强调与他对一种身份的长期探寻相互结合，后者是一个有决定意义的故事，也是一种理解美国历史及他自己在此历史中所处位置的方法。这趟探寻之旅不可避免地带他回到了种族隔离时期的美国南方——这里有他未曾亲身经历的各种侮辱和斗争，只是从他母亲讲述的故事中才知晓一二。奥巴马最终发现自己被"一系列想象、一个与我不曾知晓的过去有关的一系列浪漫想象"所吸引。他对真相和意义的探寻使他接触到了南方民权斗争中的"静坐抗议、游行示威和监狱之歌"。[40] 在伯明翰的街道上，在亚特兰大的教堂长椅上，在密西西比州的监狱里，奥巴马找到了自己，找到了他的归属感，也找到了自己的使命。20 世纪 80 年代末，在读完泰勒·布兰奇(Taylor Branch)的《分水岭》(*Parting the Waters*)后，奥巴马兴奋地对一位朋友说："这就是我的故事。"这部著作是泰勒撰写的有关马丁·路德·金史诗般自传的第一卷，曾获得普利策奖。奥巴马对那段历史的解读和运用，既影响了他的政治议程，也塑造了他的政治形象。[41]

奥巴马 1991 年回到芝加哥时，对于民权和黑人政治的看法还处于变动之中。从对哈罗德·华盛顿职业生涯的观察中，他学到了黑人赋权的若干教训，这影响了他在法学院毕业后的第一次政治冒险。1992 年，他配合组织了一场全市范围的选民登记运动，事实证明这对卡罗尔·布劳恩(Carol Moseley

Braun）赢得选举至关重要，那次选举后，她成了美国重建以来第一位黑人女性参议员、第二位非洲裔美国人参议员。当时有超过 10 万名少数族裔选民做了选举登记。与 20 世纪 60 年代后许多成功的黑人政治家一样，布劳恩采取了两面讨好的选举策略，一方面迎合芝加哥近郊和边远地区的自由派白人选民（尤其是受过良好教育的女性），另一方面动员非洲裔美国人选民。联盟的建立与种族意识政治的动员再次联手行动。在哈佛大学学习过投票权法的奥巴马，他所持的观点在许多保守的民权批评家中不受欢迎：无论在课堂上还是在公共场合，他都极力论证，创建和维持少数群体占多数的管辖区是促进黑人政治进步的工具。奥巴马表示："只要我们在针对少数族裔的投票模式中表现出强硬的种族意识态度，那么少数族裔若想选出自己的代表，他们就需要在社区和街区层面获得相当大量符合法定投票年龄的少数族裔选民的支持。"奥巴马认为，"我们需要确保少数族裔在所有权力中心都能发声"。[42]

但对奥巴马来说，种族意识的政治动员不是一个不可违逆的思想立场，只是一种务实的具体措施。到 20 世纪 90 年代中期，这种实用主义促使他逐渐开始批判种族意识政治。在他的回忆录《我父亲的梦想》(Dreams from My Father) 中，他写道："民族主义 (nationalism)，被消解为一种态度而不是任何具体的行动方案，成了装载愤懑情绪的箩筐而不是一种有组织的力量，只有充斥媒体的影像与声响但没有任何实体性质的存在。"最糟糕的是，黑人激进主义在迎合媒体，因为"就像电视上的性或暴力一样，黑人的愤怒总能找到现成的市场"。奥巴马认为，黑人激进主义最关键的缺陷在于它是表演性的，而不具有实用性。他回忆道："这就像一场糟糕的梦。运动多年前就已经死亡了，成了无数的碎片。每条变革之路都过时了，每种策略都用尽了。"[43]

奥巴马渴望有属于自己的具体实施方案，于是在1995 年，他开始了在伊利诺伊州参议院议员的竞选之旅。正是在后华盛顿时代的华盛顿，奥巴马学会了如何运用政治手段。一方面是出于对华盛顿改革激情的赞许，另一方面也因为继承了激进独立的海德公园社区（奥巴马曾经所在的社区，也是他的政治基本盘）政治家们的传统，他始终都与芝加哥的政治机器保持一定的距离。但是，纵使他在言辞上远离了芝加哥式政治的混乱，他也很快学会了那些粗暴的打法；其中一个策略就是在 1996 年第一次竞选公职时，将州参议院的对手爱丽丝·帕尔默从竞选中除掉，后者是一位从民权活动家成长起来的参议院立法者，这件事引发了芝加哥南区一些重要领导人的不满和愤怒。[44]

在他作为伊利诺伊州参议员而代表自由派的海德公园以及毗连地区（主要是黑人占多数的南区）的八年里，奥巴马把重点放在少数族裔选民最关心的问题上。他推动立法解决种族化犯罪推定问题（甚至暗示他曾因"黑人驾驶"而被拦下）；倡导城市就业创造计划，这在就业机会贫乏的南区是一个特别重要的问题；主张扩大收入所得税抵免（EITC）；支持立法整治含铅涂料（这是一个主要的健康危害，特别是对居住在老旧房屋中的儿童而言）；还主张州政府为市中心学校提供更慷慨的支持。在一个种族混杂、社会经济多元化的地区做代表的经历，让建立联盟成了奥巴马的自然反应。为了接触芝加哥大学周边地区受过良好教育的选民，他定期为《海德公园先驱报》（*Hyde Park Herald*）写专栏，这是一份质量相当之高的社区报纸。他在客厅举行募捐活动，吸引了海德公园的居民，其中有教授、非营利组织的管理人员和其他专业人士。他在黑人教堂里组织竞选演说，并经常与黑人民间团体会面。[45]

但是奥巴马的联盟建设技巧并非总能对其政治生涯有所帮助。许多当地的黑人政治领袖认为他傲慢，与他大学街区的联系比与自己周围社区的联系更加紧密。当他挑战受欢迎的鲍比·拉什时，奥巴马遭遇了一次堪称丢脸的失败。拉什是之前黑人权力运动主义者中少有的掌握竞选更高公职政治技巧的人。他过往的经历使他在工人阶级社区中如鱼得水。作为代表一个种族同质化地区的政客，拉什不需要跨种族培养选民，这使他能够在没有政治风险的情况下充分利用其选民的种族自豪感。尽管奥巴马以二比一的差距落败，他还是利用竞选活动加强了与芝加哥白人权力掮客之间的政治联系，特别是在市长理查德·戴利和芝加哥民主党政治机器这个圈子里，这个圈子的人长期以来都反对拉什，而且对奥巴马挑战拉什时所展现的胆识印象深刻。[46]

国会竞选失败后，奥巴马经过了一段时间的自我反省和策略调整，并为他的政治抱负选择了一个与以往不同的舞台。为了走出海德公园和芝加哥南区，他需要加深与芝加哥白人领袖的关系。从 2001 年开始，奥巴马就将精力投向芝加哥的经济能人。这部分是因为他的州参议院选区经过了重新划分，纳入了芝加哥富裕的"黄金海岸"。尽管他选区的支持者仍然多样，但现在也变得更白、更富了。到 2002 年夏天，当他参与竞选参议院民主党候选人时，他与芝加哥开发商和金融家的关系就变得更加重要了。参与全州内的初选（特别是因为他的一名对手自己很富有），需要一大笔竞选资金。奥巴马继续在他的海德公园选区争取支持，把手伸向工会这样的传统民主党资金提供者，但也利用他的藤校出身、社交技巧和董事会服务（board service）与富有的开发商、金融家和律师交好，获得资金。

奥巴马与芝加哥精英人士——尤其是房地产开发商、律师和企业高管——之间日益密切的关系，反映了他与 20 世纪 60 年代之后城市政治中另一个尽管很平常但很重要的潮流之间的关系。许多有抱负的非洲裔美国政治家——同他们的白人和拉丁裔同行一样——能够容忍那些将投资导向市中心再发展项目的政策，这些投资会用于建设写字楼、会议中心、娱乐场所、体育场和剧院等。这在一定程度上反映了城市的现实政治：在像芝加哥这样的大城市，开发商、企业高管和律师是最重要的竞选捐款人。但更重要的是，奥巴马的这些新社会关系反映了他与城市规划专家所谓的"增长机器"之间越来越稳固的关系。所谓的"增长机器"是一个由开发商和投资者组成的联盟，他们努力为大型城市再发展项目获得税收减免和财政资金支持，并利用他们手头的资源为那些支持他们议程的政治候选人提供资金帮助。关于该增长机制所偏爱的那些市中心发展项目和下层住宅高档化项目所能带来的好处，评价不一。像体育场这样的娱乐场所吸引了近郊居民和游客来到城市，但补贴和税收减免的成本往往比其所赚取的更多。新的建筑项目也会创造就业岗位——但只是在一个少数族裔没有被充分代表的经济部门。会议中心能够吸引游客的钱包并增加税收，有时还会在酒店业创造服务部门的工作岗位。但市中心重建项目的好处很少会向下惠及以非洲裔美国人为主的社区——包括芝加哥在内的几乎所有主要城市都有这样的社区，这些社区都目睹了投资的不断减少，即便在 20 世纪 90 年代的经济繁荣时期也是如此。不过，对那些急于将自己定位成全美乃至全球经济重要角色的城市——芝加哥就是如此——市中心发展和下层住宅高档化的诱惑力是不可抗拒的。[47]

　　20世纪90年代初到奥巴马当选总统这段时间的芝加哥，是城市增长政治的缩影。从1995年芝加哥市在市中心商业区及周边社区进行街景改善工程，到2006年房地产市场开始崩盘，芝加哥开始了一项由财政补贴的大规模城市再开发计划。政府出台了税收优惠和其他补贴措施，鼓励投资建设新的办公楼、住宅楼、公寓和联排别墅。特别是在北区以及西区的附近，甚至在海德公园（那里的房地产价值飙升），下层住宅高档化项目将大片曾经破旧和贫困的城市区域，变成了城市专业人士、富裕的退休人员、文化生产者和艺术家的好去处。在克林顿政府的支持下，芝加哥的公共住房管理局推平了该市的湖滨住房项目，将清理出来的土地开放给私营部门开发。在北区，毗邻豪华林肯公园的卡布里尼-格林（Cabrini-Green）公共住房建筑群被夷为平地，为下层住宅高档化铺平了道路，迫使数千名居民，主要是黑人居民离开了家园。但城市重建的好处只惠及了屈指可数的几个少数族裔社区，主要是那些集中在市中心商业区和芝加哥大学附近的社区。总的来说，在20世纪90年代的芝加哥，白人与黑人、拉丁裔人口之间的经济差距扩大了。北区和湖岸的街区繁荣起来，而城市的大量狭长地带，主要是在南区和西区，仍然没有受到资本注入的影响。虽然黑人专业人士振兴了该市著名的布朗兹维尔（Bronzeville）社区的部分地区，并使奥克兰 - 北肯伍德（Oakland–North Kenwood）这样的下层社区变得高档化，但其他南区和西区的非洲裔美国人社区的人口持续减少，并遭受投资减少之苦。[48]

　　奥巴马那些相当殷实的支持者，许多都是20世纪最后十年该市引人注目的经济转型的受益者。下层住房高档化和市中心发展，为芝加哥的所谓"FIRE"部门，即金融（financial）、保险（insurance）和房地产（real estate）创造了真正的财富。像大多数大城市一样，在这里，开发商、代表他们利益的律师，以及提供资本的银行家和抵押贷款经纪人成为主要的政治玩家。和其他雄心勃勃的政治家一样，奥巴马也是跟着钱走，依靠富有的开发商和投资者的支持，其中包括酒店高管佩妮·普利兹克（Penny Pritzker）、房地产大亨瓦莱丽·贾勒特、芝加哥亿万富翁开发商和赌场大亨尼尔·布鲁姆（Neil Bluhm）、前民权律师和大业主塞西尔·巴特勒（Cecil

Butler）[其持有的资产既包括黑人居民区劳恩代尔（Lawndale）的破败建筑，也有豪华的湖滨公寓]，以及比萨店大亨和开发商安东宁·雷兹科 [Antonin（Tony）Rezko，他帮助奥巴马购买了他那栋位于海德公园价值165万美元的房子和附带的一块地]。奥巴马与芝加哥支持经济增长的精英之间有联盟关系的最佳例证，就是他坚定地支持芝加哥申办2016年夏季奥运会，尽管最终未能成功。[49]

奥巴马还向该市的黑人商业领袖伸手，即使他们的腰包不像市中心商业区那些大金融家、大开发商和大律师那样鼓。作为州议员，奥巴马特别专注于为黑人企业获得报酬丰厚的州政府合同，而这些黑人企业的高管反过来会为他的竞选活动提供资金支持。正如瓦莱丽·贾勒特所回忆的，当奥巴马还是一名州参议员时，他"坚持认为他们的声音应当被听到，而且，就州政府层面所做的生意而言，应该反映我们州的多样性"。无论奥巴马对哈罗德·华盛顿强调的"得到我们应得的一份"在思想上有什么疑虑，都要让位于对合同中肯定性行动的务实接受。在这个问题上，奥巴马也很像20世纪60年代后那一代雄心勃勃的城市政治家，他们运用公共政策促进少数族裔企业的发展，而且他们这样做至少获得了适度的政治回报。黑人城市政治中也有摩西、米利暗和约书亚的影子。其中充满了与民权有关的修辞。但其中最成功和最有影响力的实践者，包括奥巴马，都是实用主义者，而不是先知，他们都有意愿与许多被民权运动和黑人权力活动家所诋毁的政治人物和平相处。[50]

在奥巴马与芝加哥经济精英建立联系的同时，他也面临着一个更大的政治挑战，即他与占多数的少数族裔选民的联系。有志于被多数白人选民青睐的黑人政治家，尤其是竞选州层面职位的黑人政治家，面临着一个重大困境，即他们在那些"会造成分裂"问题上的表现。在新闻媒体和白人公众眼里，黑人城市问题是分裂的体现。此外，城市政治几乎没有什么明显的救赎——无论是否是芝加哥式的——尽管它过去几十年里一直是黑人进步的工具。作为城市政治一部分的交易，在竞选游说过程中并不是什么值得大书特书的故事。奥巴马不能用建立了联盟的那些黑人政治家的经历来证明自己的领导能力和领导风格，因为这些政治家中的大多数人都结合了跨种族的影响以及种族意识。也许他们的故事听起来非常鼓舞人心，但这些故事几乎很难简单地套入有关民权和进步的民族叙事中。

奥巴马面临着双重挑战，特别是在 2004 年他将目光投向美国参议院，以及几年后又投向白宫之时。他一度是一位"历史性"的候选人——一位非洲裔美国人在全国舞台上迈出重要一步。同时，他还需要说服白人，让他们相信他与几十年来一直在新闻媒体中占主导地位的黑人政府官员和发言人不同。竞选归根结底是一种营销和激励的艺术。而且，在美国现代史上，很少有政治家能比奥巴马在鼓舞其支持者方面更成功了。当奥巴马从芝加哥政坛走向全国舞台——而且当他在其先辈战略的基础上，促进了跨种族联盟，并向城市拥护增长的精英圈子靠拢——之时，他换了一种方式来讲述民权的历史，打造了一个强有力的政治形象，同时还强化了美国近现代史中一些最被珍视的历史叙述。

"超越"党派意识、团体认同和特殊利益问题的狭隘认知，以吸引最广泛的选民，这是必须要做的事。奥巴马最早是在哈佛大学学到这一教训的，这对他的政治生涯意义重大。对一个希望赢得白人支持的黑人政治家来说，在任何种族问题上强硬表态都有可能陷入政治上的险局。因此，随着政治野心越来越大，奥巴马开始与那些为自己铺过路的黑人政治家们拉开了距离，对一代黑人政治的历史提出了批评，重申了一个普遍的说法，即"黑人政治仍受到20世纪60年代以及黑人权力运动的影响"。[51] 在接下来的十年中，奥巴马对他所谓的20世纪60年代的"后遗症"批评得越来越多，无论是说那是"婴儿潮一代的心理剧"，还是将他那位有争议的牧师小杰里米·赖特描述为"一个深受20世纪60年代思想影响"而"经常以关切制度化的种族主义和非洲裔美国人所经历斗争的语言来表达自己"的人，都是如此。他认为，这样一些"态度"和"不满"是不合时宜的，而且造成了不必要的分裂。[52]

奥巴马在重塑他与黑人政治以及20世纪60年代的关系时，丝毫没有否定民权运动的历史——相反，他接受的是一个特定版本的民权运动历史，一个能使他自己的身份认同与南方的民权运动还有他自己的政治抱负相协调的版本。作为一个有志于全州和全国公职的人，奥巴马不能冒险与原则性最强或问题最严重的实践者打交道，因为即使白人自诩对肤色没有偏见，但他们仍然对言论和风格表现得"太黑"

的政客持怀疑态度。相比之下，与民权运动南方分支的历史保持一致是安全的。争取自由的斗争，即使一度是分裂性质的，但如今也已经被驯服，转变成了一种有关团结的叙事。

当奥巴马开始他的选举高升之路时，他呈现出来的人物形象，其历史已不再有所争议，也没有被种族分化和分裂的大众记忆所污染，他似乎没有受到平庸政治的影响。有一个人的历史已经不再有争议，这个人没有被种族分化和分裂的大众记忆所污染，他似乎超越了普通的政治事业——那就是马丁·路德·金。金在20世纪末的美国给大众文化投下了漫长的阴影。自1968年以来，新闻媒体一直在坚持寻找"下一个金"，而许多民权领袖也在谋求这一角色，但都没有成功，没有成为美国黑人的唯一代言人。金的豪言壮语成了黑人演说的试金石。但最重要的是，没有哪个黑人政治人物（事实上是无论何种背景的美国历史人物）能被更广泛地接受或敬仰。[53]

金的形象转变非常显著。马丁·路德·金在他的整个政治生涯中，一直备受争议。他在南方遭到痛斥，甚至北方的白人也认为他领导的运动"走得太远、太快"。1968年，在他去世时，他已经被视为美国资本主义和外交政策直言不讳的批评者。与其他温和、保守的黑人领袖不同，他拒绝谴责黑人权力运动，即使他也表达了对种族隔离的担忧。当鼓吹法律与秩序的人谴责城市骚乱是无法无天的猖獗活动时，金竭力主张宽容与谅解。当自由主义者敦促金坚持信念，专注于种族歧视和民权立法时，他却去反对美国介入越南，并呼吁大规模动员"可怜的穷人"。金的这些立场表态，甚至使他失去了一些最坚定的盟友。到1968年初，他的名望直线下降。但是，在其被暗杀后的几十年中，金的形象慢慢变得柔和起来。

从被J.埃德加·胡佛（J. Edgar Hoover）认为是"美国最危险的黑人"到人们口中的世俗圣人，这种形象的转变完成于1983年，那是奥巴马在大学的最后一年，当时罗纳德·里根签署法案，将一月的第三个星期一定为纪念马丁·路德·金的全国性假日。虽然一些残余的种族隔离主义者和冷战分子反对这个节日，他们称金是一个煽动者或共产主义者，但他还是进入了美国英雄的万神殿。他激进的政治思想在公众话语中基本上被遗忘了；他已经成为一个完全没有争议的人物。金的反叛思想被最大限度地简化了，只留下一些不会令人感到不安的内容：金是一个爱国者，呼吁美国要永远忠实于其永恒的立国价值观；金是马尔科姆·埃克斯和黑人权力运动的对立面；金是温和的调停者，他激起了美国白人的良心，让他们慢慢认可了黑人的基本人性。保守派，例如奥巴马的哈佛大学同学，将金重新阐释为肯定性运动的批评者，尽管事实上，从 1964 年到他去世，金一直都在支持各类补偿计划，这些计划为几代被系统性剥夺经济机会的非洲裔美国人提供了许多机会。只有迅速衰退的工人运动和屈指可数的几个劳动史学家，回忆起金对工会的坚定支持。[54]

在金形象的重塑过程中，失去的还有他对白人温和派的严厉批评、他主张对物质主义和特权进行全面斗争的呼吁，以及他对进行一场"价值观革命"的强烈要求。金说"当机器和电脑、利益动机和财产权被认为比人更重要时，种族主义、极端物质主义和军国主义这巨大的三胞胎就无法被征服"，这在奥巴马的牧师杰里米·赖特的激烈言辞中比在奥巴马自己演讲时使用的那种缓和的语言中更能引起共鸣。[55] 这是一个时代变化的标志，金毕生的使命是向权力说真话，这一使命却转变为对志愿服务和国家服务的呼吁。马丁·路德·金的梦想已经成为学校课程的主要内容——实际上，到 20 世纪末，金成了历史人物名录里排在最前面的一位，地位在乔治·华盛顿和亚伯拉罕·林肯之上，美国的小学生对他早已耳熟能详。他已经成为一个新的、得到了救赎的美国国父了。

关于金和南方自由斗争，美国传统的历史叙述强化了一种更广泛的而且仍然深入人心的美国例外论观点，这种观点将民权运动与美国永恒的政治传统联系在一起，这种传统可以追溯到建国之初，即平等和机会，《美国的困境》（*An American Dilemma*）一书的作者缪达尔（Gunnar Myrdal）称之为"美国信条"。强调民权运动的美国性，事实上抹杀了民权运动与黑人国际主义这一暗流的根本联系，黑人国际主义曾经影响了像金、斯托克利·卡迈克尔和马尔科姆·埃克斯等各色领袖级的活动家的政治观点，其灵感来自 20 世纪中期的亚洲、加勒比海地区和非洲的反殖民斗争。

美国民权活动家更可能从莫罕达斯·K. 甘地（Mohandas K. Gandhi）、夸梅·恩克鲁玛（Kwame Nkrumah）或弗朗茨·法农（Frantz Fanon）那里寻求激进主义的范本和政治组织的模式，而不是从托马斯·杰斐逊、托马斯·潘恩或尤金·V. 德布斯（Eugene V. Debs）身上寻找灵感。强调民权运动与平等、机会和权利等美国价值观的关系，则忽略了美国政治传统中排外和不平等的方面，并忽视了那些挑战这一传统的人。黑人自由斗争的历史一方面受到被唤起的美式平等主义的影响，与此同时，也强有力地受制于对这种平等主义的深刻怀疑。[56]

作为经常参加马丁·路德·金纪念日活动的人，奥巴马对金的看法相当普通（2008 年民主党初选期间，奥巴马和克林顿在竞选活动中曾就金和林登·约翰逊在 20 世纪 60 年代中期民权立法中所起的作用展开过短暂的争论，奥巴马对金的看法也体现在这场争吵中）。在针对鲍比·拉什的那场失败的竞选活动期间，奥巴马在《芝加哥卫报》（*Chicago Defender*）上发表了一篇评论文章，强调了金"在困难面前保持信念，在逆境中保留希望的意愿"。对奥巴马来说，"1964 年《民权法案》、1965 年《投票权法案》和 1968 年《开放住房法》的通过，都是这种信念的证明。整个美国南方腹地（Deep South）黑人民选官员数量的激增，以及黑人独立政治运动在芝加哥的诞生，都源于金所承担的风险"。拥抱金，在一定程度上，是铲掉了政治对手在黑人权力政治中的根基，但更重要的，这也强化了对民权运动历史的辉格式叙述。[57]

有一个例子可以说明金已经变得多么没有争议，2003年，奥巴马在开始美国参议院竞选时发表了一次演讲，其中他经常重复一句话："马丁·路德·金博士会怎么说？"他把金描绘成了一位言辞温和的预言家，预言的是公平、希望、机会和一种不确定的变革。奥巴马表示："我们今天面临的不仅仅是美元赤字。我们这个国家还有一个公平的赤字。我们这个国家还有一个希望的赤字。我们这个国家还有一个机会的赤字。所以我知道金博士会说什么，你也知道。他会说，我们有义务为我们的孩子和我们的国家坚持一个新的方向。"[58]

在奥巴马和金融为一体进而作为国家治愈者的过程中，最重要的莫过于奥巴马在2004年民主党全国代表大会上发表广受赞誉的主旨演讲的那一时刻，这次演讲在呼吁国家团结时达到了高潮。"我们有的并不是一个自由主义的美国和一个保守主义的美国；我们有的是美利坚合众国。我们有的并不是什么黑人的美国、白人的美国、拉丁裔的美国和亚裔的美国；

我们有的是美利坚合众国。"之后，代表和记者都将这位还不太为人所知的伊利诺伊州参议员与金相提并论。来自堪萨斯州恩波里亚（Emporia）的拉丁裔代表杰西·索利斯（Jesse Solis）对奥巴马登上国家舞台的反应具有相当的代表性。"我回到了过去。对我来说，他就像马丁·路德·金。这就是他给我留下深刻印象的地方。"[59] 横跨整个政治光谱，从保守派作家阿米蒂·施莱斯（Amity Schlaes）到《芝加哥论坛报》（*Chicago Tribune*）专栏作家克拉伦斯·佩奇（Clarence Page），权威人士称奥巴马是能取得各方共识的现代版马丁·路德·金，其传递的希望跨越了党派分歧而吸引了许多人。[60] 正如佩奇写道："奥巴马不是一个保守派，但保守派很难在他的演讲中找到多少能够反驳的地方。他的演讲经过精心的设计，超越了一般的政治动员讲话，超越了通常的政治鼓动，呼应了自由派守护神马丁·路德·金那典型的美国之声。"[61]《丹佛邮报》（*Denver Post*）更进一步，将马丁·路德·金在"向华盛顿进军运动"中说的那句经常被大家引用的话单独挑出来，论称美国人应该"由于他们的内在品质而非肤色来被评判"，以此来赞扬两位黑人领袖对肯定性行动的所谓反感。

"对民主党人来说，奥巴马的雄辩演说复兴了金那个'色盲'美国的梦想。没有种族配额；没有针对黑人的种族歧视法。有的只是美国人。"[62]

奥巴马作为演说家的力量在于他有能力将他的个人故事与国家救赎的叙事无缝结合在一起——就像他2004年在塞尔马的集会上以及在整个总统竞选过程中所做的那样。奥巴马曾广泛阅读过民权的历史；他教授过反歧视法；他曾沉浸在关于种族、贫困和不平等的历史和学术文献中。他对这一历史的了解几乎超过所有美国人。但对于一个雄心勃勃的政客来说，这一历史中没有任何东西有特别的益处。将自己置于强调激进思潮的民权历史中，这无疑是政治自杀。但除了简单的政治手段，还有更深层次的东西在起作用。在20世纪后期美国两极分化的种族世界穿行时，奥巴马找到了自己的使命。那就是超越种族两极分化的尖锐历史——无论是黑人权力运动还是文化战争——进而采取行动，要明白这种两极分化是对国家团结的诅咒。正如历史学家李·来福特（Lee Raiford）和勒妮·罗马诺（Renee Romano）所写的那样，自20世纪80年代以来，政治家、电影制作人和舆论领袖已将"这场运动的记忆"

转化为"国家建设的工具"。对此，没有人比奥巴马做得更多了。[63]

对于奥巴马，如同对所有政治领导人一样，历史为政治提供了一个脚手架：历史充满了灵感、例子、教训和类比。过去可以被利用——以及被重新解释——以达到形象创造、政治动员、建立联盟和制定政策的目的。政治活动家会创造一个有用的过去，筛选出能引起选民、意见领袖和公众共鸣的东西，粉饰那些不和谐、不安定或不方便的因素。奥巴马利用金做到了这一点。民权斗争的历史——通过摩西、约书亚和金的叙述——成了历史神学、公民宗教，成了一个基本的关于苦难、殉难和救赎的基督教故事。金洗刷了美国奴隶的原罪；奥巴马则是金的继承人。到奥巴马就任总统时，他把自己重塑为国家团结的代言人，最终能让民权运动中几个迟迟未实现的承诺成为现实。

奥巴马的力量——作为候选人和总统——对自由主义者来说，在于他对一个统一的美国精神的语言的重新调用，这种调用，就像国家建设中的所有活动一样，将历史转化为传奇和诗歌之类的东西。从最近历史的噪声中，从这一历史的混乱与喧嚣中，奥巴马抽取了一个既强而有力又令人安心的进步信息，他所讲的那个故事很有说服力，可与罗纳德·里根唤起的清教徒的"山巅之城"或亚伯拉罕·林肯在他的《葛底斯堡演说》中对平等这一建国信念的重新诠释相媲美，而且它们都既真实又仿若神话。因此，贝拉克·奥巴马对自我身份的寻求，对黑人自由斗争、城市政治、民权运动以及黑人权力运动的独特解读，成了美式的故事。奥巴马所说的"我的故事"变成了"我们的故事"。

第二章

真正的弱势群体

　　1981 年，刚满 20 岁的贝拉克·奥巴马来到纽约，那时，美国城市已经走出低谷。20 世纪 50 年代和 60 年代的民权游行已经成了遥远的记忆，而且，尽管该运动取得了来之不易的胜利，但种族不平等似乎比以往更加根深蒂固，尤其是在城市中心地带。黑人自由斗争中充斥的乐观主义让位于棘手的城市贫困问题所带来的深层悲观主义。社会科学家和记者使用了一个新词——"下层阶级"——来描述生活在纽约等城市中位于贫困线以下的黑人和拉丁裔人口，这些人似乎陷入了永久的贫困状态，特征就是长期依靠福利收入、家庭破裂、慢性药物滥用和犯罪，所有这些特征就像遗传性疾病似的，会一代接着一代传下去。[1]

奥巴马当年所在的那个纽约，人们几乎不可能逃离贫困的蹂躏。这座城市在 20 世纪 70 年代中期的财政危机中遭受重创，到处都是大规模公共投资撤资的迹象，没有空调的地铁满是涂鸦，公园杂草丛生，垃圾遍地，这些都是所谓"延期维护"的后果。曼哈顿上城的几乎每个街区都可谓"满目疮痍"，到处可见废弃的或破烂不堪的公寓楼和房屋，因为低廉的租金无法覆盖高昂的房产持有成本。非洲裔美国人、波多黎各人和多米尼加人，这些人在城市贫困人口中所占比例异常之高，他们挤在租住的房子和改造过的联排住宅里，曾经宏伟的入口经常遭到恶意破坏，而电梯早已年久失修。居住在没有暖气的建筑物里的居民使用烤箱或危险的煤油炉取暖。错误的电源接线、外溢的燃油，以及纵火，这些都导致火灾频发。毒品贩子在街角贩毒却得不到惩罚；破药瓶和用过的注射器塞满了街边的排水沟。州和地方不再对精神健康问题投入资金、单间居住旅馆越来越高档，精神疾病去机构化安置的实验也失败了，这些都导致出现了大量无家可归的人。而且，犯罪率突破天际，帮派暴力猖獗，警察暴力行为日日可见，而且，因黑人权力运动及其在取消种族隔离方面的失败实验所引发的流血冲突带来了严重的分歧，这些都使人感受到这座城市令人不安的种族氛围。

奥巴马在纽约期间写道："我看到世界逐步破裂，我开始领会到美国种族问题和阶级问题之间近乎数学上的精确联系，以及由此引发的部落战争所具有的深度和激烈程度；愤怒不仅在街头肆虐，也充溢在哥伦比亚大学浴室的淋浴间里，在那里，无论学校行政部门几次三番试图用油漆盖掉，但墙壁上仍然满是涂鸦，非常直接地写着所谓黑鬼和犹太佬之间的关联。"这就是对纽约——和哥伦比亚大学——20世纪城市生活的悲惨描述。[2]

对于这位"有着有趣名字的瘦削年轻人"来说，这是一个新世界，要知道这位年轻人的青春期可是在夏威夷的一所精英私立学校度过的，而且大学时期的头两年是在加州文理学院度过的，后者是洛杉矶近郊区一所富裕的院校，远离城市贫困的严峻现实。奥巴马将他在20世纪80年代穿越美国城市的旅程描述为一场对自己人格的探寻之旅，他追寻的是一种"整体感"，其超越了"我们所继承的血统"。但这也是一次思想之旅，促使他应对了他那个时代最紧迫的社会问题，发展出了思考种族和阶级的思想框架，并最终引导他调整自己的愿景以反映他的政治抱负。这是个人和政治携行的历史，反映了对20世纪后期美国社会中的种族、贫困和不平等问题的新认识。归根结底，这一历史关乎种族的政治构建——关乎奥巴马对种族不平等的反应和那所谓的"逐步破裂"是如何被他所遇到的社会科学和社会政策所影响的。

— ◆ —

奥巴马当时尚在进行中的城市教育，以及特别是他想要解决美国"部落战争"的渴望，都促使他找到了自己的使命：社区组织和种族正义。他在城市学院（美国种族最多样化的大学之一）短暂游说大学生的那段经历，激发了他做更实质性工作的兴趣。激进的活动家和社区组织者凋零散落，不过是里根时代美国的边缘人，但他们被围困的事实助长了他们的热情。纽约的宗教和左翼组织者领导了一场全国范围的动员，反对里根的外交政策。1983年，超过一百万人在纽约市游行，要求核裁军，这是美国历史上最大规模的反战示威。1984年，游说者在哈勒姆区、贝德福德 - 斯图伊夫桑特（Bedford Stuyvesant）、布朗斯维尔（Brownsville）和全国各地的内城街区游行，希望能让黑人和拉丁裔选民反对里根。即使当时的在任总统以压倒性优势获胜，1984年还是见证了2008年之前全国选举中最高的黑人投票率。对于自由主义者和左翼——尤其是那些致力于民权的人——1984年的基层动员为他们认为是午夜的美国显现了黎明的曙光。[3]

在短暂却并不令人满意的公司文员工作之后，奥巴马用他的民权运动和社区组织经历重整了简历。最终，他在一个当时还不了解的城市——芝加哥——获得了一份工作。在那里，他收获了相当于城市政策高级学位水平的知识——并发展出一个独特的政治框架，用于思考种族和阶级的交叉联系。奥巴马在芝加哥的经历为一种种族的和经济的政治思想奠定了基础，其融合了社区赋权、芝加哥学派的社会学、克林顿式的社会政策和宗教影响下的种族提振理想。像所有的政治融合一样，它充满张力，但它有助于为奥巴马定位，以吸引几个不同的选民群体：民主党的左翼知识分子；努力彻底改革福利政策的中间派；以及一个致力于个人改革和种族提振的新兴黑人中产阶级。

— ◆ —

　　没有哪个城市比芝加哥更能反映和塑造 20 世纪后期美国种族的矛盾现实。每一次重塑美国城市的重大变革都在芝加哥有所体现，而且往往都是以最极端的形式。芝加哥是美国种族隔离程度第二高的大都市（仅次于附近的加里，与严重分裂的克利夫兰和底特律不相上下），导致这一结果的原因众多：联邦和地方的住房政策——这些政策将该市分割为分离的、不平等的若干种族区域；房地产和银行的歧视性做法；以及数十年来由白人领导的在各个街区发生的种族冲突，这些白人反对黑人"入侵"他们的社区。[4]

　　城市改造的伤痕随处可见。芝加哥一度繁荣的黑人商业区被推土机推倒，用于城市重建，取而代之的是高速公路的混凝土峡谷和巨大的现代主义高层住宅项目。其他街区的购物区，包括曾经繁荣的第六十三街走廊，距离奥巴马的海德公园住宅仅有很短的步行路程，也苟延残喘，因持续的撤资而被蹂躏得面目全非。大都市的芝加哥也经历了巨大的郊区城市化，其向四面八方蔓延了至少 30 英里，都延伸到了北美大草原。留下的是有着破败住房条件城市街区，那些住房都可以追溯到 19 世纪 70 年代到 20 世纪 20 年代，其中大部分都亟待维修。许多公寓都握在外居土地所有者的手中，他们榨取着这些房产微薄的价值。芝加哥承受着种族平等斗争的伤疤，而这一斗争仍未完成。

但芝加哥也是美国中产阶级黑人人口最多的城市之一——可以肯定的是，这些中产黑人的数量是很稀少的。弗雷泽·罗宾逊（Frasier Robinson）和玛丽安·罗宾逊（Marian Robinson）夫妇二人位列其中，他们后来成了奥巴马的岳父岳母。弗雷泽是一个城市水厂的水泵操作员；玛丽安是一名秘书。他们都是民权斗争的受益者。在 20 世纪前三分之二的时间里，芝加哥黑人使用了一种他们身处南方的黑人同胞们可望而不可即的民权工具：他们利用手中选票的力量，撬动了那些由该市民主党政治机器所控制的工作机会。[事实上，弗雷泽·罗宾逊得到了选区主席（precinct captain）的职务，并像许多

黑人一样，在公共部门过着有保障的生活。] 20 世纪
50 年代和 60 年代之前，像玛丽安所从事的那些零售
业和银行业的工作几乎完全不对黑人妇女开放，当
时城市联盟（Urban League）等团体成功地推动让
黑人妇女作为替代来担任文职工作的行动；经过十
年的抗议，该地区的公私雇主都推出了有争议但有
效的肯定性行动计划，打破了工作场所的种族壁垒。
到 20 世纪 70 年代中期，许多挑剔的机构也将肯定
性行动扩展应用到了有前途的黑人高中毕业生身上，
特别是那些父母已获得不稳定的中产阶级地位的人，
其中就包括罗宾逊的孩子克雷格（Craig）和米歇尔
（Michelle），他们后来都进入了普林斯顿大学。[5]

　　米歇尔·罗宾逊和克雷格·罗宾逊——因为有父
母的极大支持——在芝加哥那糟糕透顶的公立学校
中也努力奋进。但是，在受人满为患和破败不堪的
建筑困扰的教育系统中，他们是个例外，这一教育
系统的师资平平、课程过时，而行政费用却高得惊
人。种族隔离、多班轮换制学校、白人迁移和投资
减少，长期以来，这些因素在芝加哥造成了制度失
灵的后果。自 20 世纪 30 年代以来，芝加哥民权活动
家一直在争取平等财政拨款并致力于废止种族隔离，

但是他们的努力遭到了法院和顽固的教育官僚体制的断然拒绝。结果，芝加哥的各个学校在20世纪60年代后的几十年里，因种族而来的隔离程度一直很高，而且比以前更穷了。周边街区的环境也没有好到哪里去。即使是中产阶级黑人社区，如罗宾逊家住的南岸地区（South Shore），也缺乏市郊居民认为理所应当的那些基本的便利设施，即使不乏美容院、售卖啤酒和烈性酒的商店，以及酒吧，但是像备货充足的超级市场、服装店和精品店都付之阙如。[6]

尽管如此，20世纪80年代的芝加哥也是一个有韧性的地方，一个充满多样性的黑人文化中心。这里是黑人媒体帝国的大本营，出版了《黑檀木》（Ebony）和《喷气飞机》（Jet）等杂志。当地的黑人报纸《卫报》（Defender）——现在仍然是全美最好的报纸之一——曾经历过20世纪60年代和70年代新闻界命运的巨大变化。正如美国生活的许多方面一样，非洲裔美国人的机构，就像社会学家特洛伊·达斯特（Troy Duster）曾经说过的那样，是煤矿中的金丝雀，在美国经济更大的结构调整面前首当其冲。在文化上，即便它不再如纽约、洛杉矶和底特律那样是音乐创新的前沿，但是芝加哥依然保留着曾经著名的爵士乐和蓝调音乐的荣耀。[7]

芝加哥也是除马丁·路德·金牧师，现代最有影响力的三位黑人神职人员的故乡：老杰西·杰克逊牧师（Reverend Jesse Jackson, Sr.）和他的 Operation Rainbow/PUSH；约瑟夫·杰克逊牧师（Reverend Joseph Jackson，与老杰西不是同一个人），他在 1982 年之前一直是全美浸礼联会的负责人；还有刘易斯·法拉罕教长（Minister Louis Farrakhan）。他继承了规模不大但依旧很重要的伊斯兰国度（Nation of Islam）（杰西·杰克逊的总部、约瑟夫·杰克逊的教堂和刘易斯·法拉罕的清真寺互相之间只隔了几个街区——而且都在奥巴马未来在海德公园住宅的步行距离之内）。在向南和向西延伸的广大黑人社区，黑人教堂，无论是门头简单的教堂还是那些大型教堂，都是最引人注目的街区机构，而且，当它们组合在一起时，扮演的则是重要的政治角色。芝加哥的黑人牧师在动员其教众参加地方选举方面发挥了关键作用（在哈罗德·华盛顿和卡罗尔·莫斯利·布劳恩的竞选活动中最为突出），而且黑人的教会比白人的教会更关心政治也更鼓励政治参与。此外，许多教会还会为街区居民提供社会服务；而且，无论居民的神学取向为何，他们都会提供一个宗教框架，这一框架甚至渗透到了芝加哥表面上世俗的黑人运动中。[8]

芝加哥还有发达的社区和民权组织传统。作为简·亚当斯（Jane Addams）的"赫尔之家"（Hull House）推广的"睦邻会社运动（Settlement House Movement）"的中心，这个城市一直吸引着那些年轻的希望改变芝加哥建筑环境并提振贫穷居民的理想主义者。芝加哥稳固的工业一直是黑幕揭发者和改革者关注的目标。从20世纪30年代开始，芝加哥一直是全美工会主义的中心之一。该市的两个主要工业部门——肉类包装和钢铁——曾一直被20世纪最强大的两个工会据为己有：美国钢铁工人联合会（United Steel Workers of America）和美国包装厂工人联合会（United Packinghouse Workers of America）。这两个工会都是20世纪中叶为数不多的真正的跨种族机构，而且，即使他们有偏见（钢铁工作是严格按种族和族裔隔离的），但是，他们曾参与过争取黑人平等的斗争。[9]

芝加哥的民权运动历史悠久，尤其是围绕教育和住房问题。从20世纪30年代开始，芝加哥的黑人妇女带头发起了一场反对该市学校的隔离和不平等的运动，运动达到高潮时，出现了一起联邦层面的民权诉讼、一场大规模的学校抵制运动，以及 1962 年至 1965 年之间发生的全市范围的大游行。芝加哥也是开放住房运动的堡垒。参与这一运动的积极分子——贵格会成员和共产党党员、天主教徒和犹太教徒、全美有色人种协进会（NAACP）和种族平等大会（CORE）——与反对废除该市公共住房项目种族隔离的白人顽强抗争，而且，尽管很少取得胜利，但是从蓝领阶层的西塞罗到上层社会的迪尔菲尔德，他们还是在市郊区不断与种族偏见筑起的高墙战斗。1965 年和 1966 年，芝加哥曾一度成为马丁·路德·金"将运动带到北方"这一口号所指向的地方，这部分是因为其密集的民权团体网络，其中许多团体在金的短暂停留后仍生存下来，一直在与困难做斗争。20 世纪 60 年代中期，芝加哥也成了黑人权力政治的主要中心，黑豹党（Black Panthers）、青年领主（Young Lords）和防卫执事会（Deacons for Defense）等组织的分会都在此活跃。到 20 世纪 80 年代末，芝加哥站在了学校改革政治的最前沿，开始了与社区参与和父母教育有关的一项实验，许多人都称赞这项实验是替代那个不够人性化的官僚体制的有力选择。[10]

　　毫不奇怪，鉴于芝加哥的历史，奥巴马被三个问题所吸引：劳工、公共住房和教育。他被一所社区组织学校所吸引，这所学校是由 20 世纪芝加哥最有影响力的活动家之一索尔·阿林斯基（Saul Alinsky）一手操办起来的。阿林斯基是芝加哥大学的一名毕业生，也是一名左翼人士，一生都在为社会正义鼓与呼。他开创的社区组织形式——发展本地居民领导力——后来也成了奥巴马遵循的模式。一贯秉持实用主义的阿林斯基——他认为只要目的正义，任何手段都具有正当性——组织街区居民挑战市议员、为更好的工作和学校而战，以及改善住房条件。阿林斯基的 TWO 组织（The Woodlawn Organization）吸引了来自全国各地的活动家加入他的社区发展和就业培训计划，而且在纽约的罗切斯特和得克萨斯州的圣安东尼奥这些较远的地方也激起了社区组织的行动。[11]

　　贝拉克·奥巴马生活和工作于两个相互分离的世界。在法学院期间和之后，他与这座城市的黑人精英过从甚密，这些精英相当受人瞩目，甚至在 20

世纪 80 年代赢得了"Buppies"(城市黑人专业人员)这样的称号。但是,点燃奥巴马热情的是惨淡的工业化南区及其留守居民。成为社区组织者的第一天,奥巴马站在位于芝加哥南区偏远地带已经关闭的威斯康星钢铁厂外面。"巨大的废旧老厂,"他写道,"空无一人,锈迹斑斑,就像是被遗弃的沉船。"[12] 他回忆起他的老板和导师,卡卢梅特社区宗教会议(Calumet Community Religious Conference, CCRC)的杰里·凯尔曼(Jerry Kellman)是如何介绍那里的劳动力状况的。"各色人等以前都在这间工厂工作……有黑人。有白人。有西班牙裔。所有人做的都是同样的工作。所有人都过着同样的生活。"他们的生计和他们的街区现在都被毁损,这是持续几十年之久的钢铁行业崩溃带来的损失,而这一切又要归咎于 20 世纪 50 年代末开始的鼓励全球化的贸易政策。凯尔曼说的对,各色工人都在制造过程中辛苦劳动,但并非所有人都受到同等的影响。到 20 世纪 70 年代为止,钢铁厂内呈现种族割裂的局面,黑人工人被限制在最差、最危险的工作中,而且在财务困难时期,是首先被淘汰的对象。南区的失业率本就令人震惊,但教育程度低的黑人男性的失业率尤其高，当工厂关闭时，这些人几乎没有其他选择。[13]

在南区组织活动对奥巴马来说是困难的。他大部分时候都要独自工作，预算也有限。社区组织的关键在于建立社交网络和信任——这两件事对一个外人来说很困难。凯尔曼回忆说："他做的第一件事是倾听人们的意见，同他们一个一个面谈，然后记下笔记。"奥巴马做了大量笔记，遇到他的人甚至认为他在写短篇小说或正在写一本书。奥巴马在罗斯兰（Roseland）、西普尔曼（West Pullman）以及奥尔特盖尔德花园（Altgeld Gardens）——这些都是位于芝加哥南区的社区，遭受撤资和失业的蹂躏——与教会领袖和街区组织者会面，还承担起了倾听人们叙述的任务，然后他会与人们一起寻找解决问题的方案。这是一个协作过程，有助于普通民众组织起自己。

真正的挑战——而且对奥巴马和他的阿林斯基班底来说几乎难以克服——是处理芝加哥大规模经济重组造成的影响。该过程可不能单单只考虑本地问题；南区的重建受制于中介企业的投资决策，而这些中介企业则分布在纽约、伦敦和东京等地，还取决于咨询公司和郊区公司总部做出的重新安置决策。资本外流源于各州之间的竞争，因为一些农业州，尤其是位于"阳光地带"的那些州，它们会降低税率并抑制工会化，以此来创造一个"有利的商业环境"，好吸引如芝加哥这种高税率、高工资城市中的公司。更为必然的结果是，芝加哥和其他老牌制造业城市处于美国贸易政策的不利地位，这些政策在拉丁美洲、加勒比海沿岸以及亚洲促进了廉价劳动力市场的出现。

社区组织者有意愿但最终缺乏能力来应对这些宏观经济上的形势变化和政治上的转变。但至少他们曾努力减少了这些变化在当地造成的不利影响。针对该市的经济困境，芝加哥的阿林斯基们既为奥巴马提供了诊断建议也提供了补救措施。凯尔曼向奥巴马介绍了社区组织的主要原则之一，这一原则之后也深刻地影响了其门徒的政治观念。与 20 世纪最后三分之一时间里大量出现的许多社区组织一样，CCRC 强调了建立跨种族联盟的必要性，这并非出于对多样性或"融合就是提振"这一观念的模糊承诺，而是因为芝加哥的经济转型对工人的影响是不分种族或族裔的。凯尔曼为奥巴马就去工业化进程展开分析，认为这是一次不分种族的经济转型。就像包装厂工人所主张的，"黑人和白人"应该"团结起来努力战斗"，要求公平的工资和体面的工作条件，与此同时，南区的组织者也希望打造一个由工人阶级组成的大多数，来支持工作培训和创造就业计划。[14]

然而，在20世纪80年代的芝加哥，打造一个跨种族的工人阶级联盟近乎一项不可能完成的任务，因为该市种族分化和种族隔离由来已久。黑人和白人并不住在相同的街区，也不在相同的教堂做礼拜，更不在相同的酒吧喝酒。他们的孩子没有一起上学。而且，他们当然也不能通婚——20世纪80年代的芝加哥可不是夏威夷。其结果就是种族之间深深的不信任。要想成功建立联盟，必须依赖社交网络——而芝加哥的黑人和白人之间的日常联系近乎为零。奥巴马和他的组织者同侪与天主教会一起，成功地将一小群跨越种族界限的蓝领芝加哥人聚在一起，让他们游说一项人力银行项目——而且他们成功了，同样还是相当温和的成功。尽管从长远看奥巴马致力于跨种族的融合，但他还是向内投入了更多精力，用于组织黑人自身的社区。他认为，黑人需要以他们自身具有的"部落式的亲缘关系"为荣，并从内部建立共同的身份认同，但这只是走向外部并打造一个"多元文化"联盟的序幕。奥巴马认为："任何只把种族主义看作是我们成功路上绊脚石的非洲裔美国人，如果对更大的经济力量一无所知，那么他们就会被严重地误导，要知道那些经济力量所带来的经济上的不安全感影响了所有的工人——无论是白人、拉丁裔还是亚裔。"[15]

奥巴马对自己的成就很谦虚。他回忆说："有时我召集会议，但没有人参加。有时牧师们会说：'我为什么要听你的？'有时我们试图让政治人物负起责任，然而他们并没有出现。我不知道我是否比这个街区有更多的收获。"他最大的胜利出现在奥尔特盖尔德花园，一个实行种族隔离的低收入住房项目。在挨家挨户的走访中，他发现了一小部分担心房屋条件恶化的居民。他们一起租了一辆巴士，前往市政厅要求支付清除石棉所需要的资金。这是一个小规模的尝试——奥巴马并没有与其他城市团体一起致力于类似的环境和公共卫生问题——而且，参加这次活动的居民比他预期的要少很多。但是，他们的努力得到了回报。[16]

尽管奥巴马在芝加哥南区的组织工作经历没有取得什么实质性结果，但这些经历对他产生了思想上和政治上的影响。他保留了阿林斯基一派建立跨种族联盟的承诺，并继续将自己视为"沉默者"权利的捍卫者。最重要的是，奥巴马坚信，基层的社区组织是系统性变革的有效工具。奥巴马反思自己作为组织者的三年经历，呼吁"将教会、街区俱乐部、家长团体和特定社区的所有其他机构联合起来，支付会费、雇用组织者、开展研究、发展领导能力、举行集会和教育活动，并着手就一系列问题制订计划"。只要同心协力，芝加哥市的穷人就可以将他们手里的资源集中起来并要求政客们对社区的需求做出更积极的响应，这样就能克服自己无权无势的弱点。在芝加哥，这就意味着要创建一个压力集团，在传统的权力管道——芝加哥民主党的政治机器——之外发挥作用，但要继续专注于一系列可以在城市层面解决的涉及面不是很宽的问题。对奥巴马来说，黑人教会很好地体现了建立联盟所具有的局限性和可能性。作为组织者，他拜访了南区的许多宗教领袖——这种经历不仅使他大开眼界，而且也令他感到沮丧。他在 1995 年提出，"所有牧师都还在想着怎么'建立我的教会'，而不是和其他人一起，试图影响那些正在摧毁社区的因素或力量。他们的确开始在做食品分发和社区服务项目，但除非他们走到一起建立某个比有效的教会更大的东西，否则他们开展的所有社区服务项目，开设的所有食品分发处，对社区问题的解决可谓杯水车薪、九牛一毛"。[17] 这种全社区范围的组织，即使永远无法完全解决蹂躏着内城及其居民的那些宏观经济变化，但可以有效地为改善城市服务而展开游说——而不是微观层面上无关紧要的收益。

奥巴马在芝加哥南区的三年工作也让他认识到自助、以社区为基础的经济发展和社会服务所具有的局限性。此类项目在缺乏更系统化改革的条件下也只能跛足前行。他参与的那场运动体现了在20世纪60年代美国政治中达到顶峰的政治冲动：对地方控制和社区自决的信念。面向社区团体和地方的权力下放因若干联邦政策而大大强化，这些政策始于林登·约翰逊的"向贫困宣战"运动，在尼克松的"新联邦主义"和社区发展一揽子补贴项目（Community Development Block Grant）下加速进行，后者旨在用对社区发展组织和非营利组织的援助取代大规模的联邦城市投资。像大多数改革冲动一样，社区控制产生了意想不到的后果。也许其中最重要的，奥巴马后来也意识到了，是将权力下放到贫苦人口的做法有很大隐患，其强化了贫困人群的一个观念，即市中心居民自己要最终承担起直面城市问题并提出解决方案的责任，而不是指望更大的社会。1988 年，就在他圆满完成为期三年的组织工作时，奥巴马写道，基于社区的发展项目"可能或者已经成为削减社会性项目的借口，而这些项目本就不受保守派议程的待见"。在联邦政府对城市持续减少投资近十年之后，奥巴马做出了敏锐的观察。1980 年，联邦政府拨给城市的财政预算占比为 12%，十年后，这个数字已经下降到 3%。拥有一名黑人市长和仍然强大的民主党机器的芝加哥，在华盛顿的共和党领导人那里尤其不受欢迎，并且在里根和布什执政时期遭受了更大程度的联邦支出削减。奥巴马每天都能在南区的街道上看到那些政策的遗留问题。改变芝加哥工人阶级和贫困人口的生活，需要的不仅仅是石棉修复和人力银行。[18]

—◆—

1991 年，当奥巴马从法学院毕业回到他迁入定居的故乡时，那些他曾经试图组织的社区变得更加贫穷和荒凉了。他写道："一回到芝加哥，我发现整个南区都在加速腐败——街区更加破败，孩子们更加不安也更少被约束，更多中产家庭逃往市郊，监狱里挤满了怒气冲冲的年轻人，我的那些兄弟们根本没什么前途可言。"三年来，在哈佛大学的奥巴马可谓两耳不闻窗外事，而且也没有迹象表明他在哈佛接受的法律教育，对他理解城市不平等和贫困有什么决定性的影响。但是他在思想方面的新家园，即芝加哥大学，确实影响了他。芝加哥大学一直吸引着在法学、经济学和社会学领域从事前沿研究的学者（这几个学科在芝加哥大学都颇具影响力，都发展出了自己的"芝加哥学派"）。从 1992 年开始的 12 年时间里，奥巴马都在芝加哥大学教授与民权、选举权和正当程序有关的课程，但是他始终与法学院那些杰出教员保持距离，很少参加讲座和教师研讨会，在那儿也没交到什么亲密的朋友。芝加哥大学在法学和经济学交叉的这一时髦领域的实力，吸引了一些在奥巴马看来比较右翼的学者（最具影响力的当属理查德·波斯纳，其被乔治·W.布什任命为联邦大法官），但没有任何证据表明这些学者对奥巴马有什么影响。相反，对同事而言，奥巴马仍然是一个谜，他避免争论，也从不发表任何法律思想方面的论文。奥巴马的同事，知名的右倾自由意志主义者理查德·爱泼斯坦曾这样评价道："他发现问题，你去解决问题。"在课堂上，奥巴马也保持着深思熟虑后的不偏不倚，致力于保持研究的公正性，很少透露自己的意识形态，即便在涉及选区重划、肯定性行动和刑事诉讼等有争议的话题时也是如此。如果说奥巴马的思想倾向有什么蛛丝马迹的话，他似乎对芝加哥大学那些在政治上持自由派观点但在学科研究上持中的同事更感兴趣，在法学和经济学中都是如此。他最亲密的同事是法学教授卡斯·桑斯坦（Cass Sunstein），他鼓吹"司法最低限度主义"（专注于对案例的狭义解读，不考虑过于笼统宽泛的法律原则）、协商民主（提倡公开表达不同观点），以及最近的个体行为的逐步修正（与强制执行社会变革的做法相反）。而且奥巴马还和他未来的经济政策顾问奥斯登·古尔斯比（Austan Goolsbee）成了朋友，这是一位麻省理工学院毕业的研究税收与监管的学者，虽然与他那些相当保守的部门同事相比，他比较偏左，但是他的新古典主义经济学观点在该专业主流中也占有一席之地。无论是桑斯坦还是古尔斯比，其实他们在种族和公共政策方面都没有什么发言权，尽管他们的管制渐进主义（强调渐进政策，而不是大范围的法律变革或结构性的经济转型）很可能影响了奥巴马。在很大程度上，奥巴马对种族问题的思考是由第三个芝加哥学派——以该校社会学系为大本营——所塑造的。[19]

芝加哥大学、它的教职员工还有它的学生所坐落和居住的地方与环绕着他们的芝加哥市有一定距离。洛克菲勒建造的校园，有着阴郁的建筑风格，校园布局是学院风格的哥特式四方形院落，其与城市的步行沙砾路相距甚远，也远离喧闹的芝加哥城市轨道交通线路。海德公园也有点像是一个半岛，从肮脏的伍德朗街区到南区之间的一段，被1893年芝加哥世界博览会的场馆所切断，东部则以密歇根湖为界。20世纪50年代，芝加哥大学进一步将自己与那座惨淡的工业城市隔离开来，将自己与正在重塑南区大部分地方的黑人移民隔离开来（这些黑人移民，用芝加哥学派社会学者的话说，就是所谓的"街区承接人"）。芝加哥大学的校长和理事们支持大规模城市重建项目，而这些项目使附近街区的许多黑人居民被迫疏散，与此同时，他们还促进在海德公园和凯伍德街区（Kenwood）的投资，以吸引教职员工并保持其中产阶级的地位。大学北部的许多街道与北凯伍德和奥克兰接壤，也都变成了死路，而这都是20世纪50年代和60年代反对有损市容地区运动的遗产，这一运动旨在将海德公园与周边社区隔离开来。[20]

相比之下，芝加哥大学的社会学系一直都与该市紧密联系在一起。从20世纪头十年开始，芝加哥学派的社会学学者就把该市当成一个实验室，探究与种族、族裔和城市空间有关的各种问题。早在20世纪初，罗伯特·帕克（Robert Park，之前是记者，后来成了社会学者）、刘易斯·沃思（Lewis Wirth），还有欧内斯特·伯吉斯（Ernest Burgess）就提出了颇具影响力的城市生态学理论，分析了种族、族裔、经济阶层的形成与城市地理之间的联系。芝加哥学派的社会学学者挑战了生物决定论和种族本质主义，强调经济分层、青少年犯罪以及社会解组等问题在环境上的源头和在空间层面的体现。民族志与生态学、微观与宏观的结合，吸引了大量的研究生和研究人员进入该大学，其中就有 E. 富兰克林·弗雷泽（E. Franklin Frazier）、克莱尔·德拉克（St. Clair Drake），以及霍勒斯·凯顿（Horace Cayton），他们都是 20 世纪最重要的黑人社会科学家。

在芝加哥学派的全盛时期，无论是教师还是研究生都没有在他们的学术追求与他们所在城市的机会和问题之间划出一条清晰的界线。他们加入改革组织，与社区福利之家的工人合作，向社区和民间团体提供建议，并为当地的基金会提供咨询。数以百计的硕士和博士学生写的文章和论文几乎涉及芝加哥黑人、工人阶级和少数族裔街区生活的方方面面。他们研究民权机构，拜访政治俱乐部，在街区的酒吧喝酒，翔实地记载那些街头帮派，还在少数族裔的教堂中做礼拜，这些都是为了他们的民族志研究服务。[21]

芝加哥学派的影响力在 20 世纪 50 年代和 70 年代之间逐渐减弱，但当奥巴马开始做社区组织者时，其重要性又再度提升。1972 年，芝加哥大学聘请了一位年轻的、相对不那么知名的黑人社会学学者威廉·朱利叶斯·威尔逊（William Julius Wilson）。可以说，雇佣像威尔逊这样的人，对于芝加哥大学这样古板的机构来说有点儿赌博的性质，因为该大学的黑人教职员工相对较少，而且尽管坐落在那样的地方，但黑人学生也很少。威尔逊没有藤校背景，也并非师出欧陆名门，不具备该大学大多数教师所拥有的那些学位。但是这场赌博的报酬非常丰厚。威尔逊1978年的著作《种族重要性的衰落》（*The Declining Significance of Race*）是一项颇为难得的学术研究成果，不仅在学术界赢得了广泛赞誉，还拥有广泛的非学术读者。该书的观点颇具挑衅性，认为20世纪60年代的民权立法重组了美国的黑人社会，在贫困黑人和日益扩大的中产阶级黑人之间制造了史无前例的巨大鸿沟。威尔逊认为，民权的发展只惠及了美国黑人社会中的一部分人（这让这部分黑人越来越像白人），却系统性地损害了黑人工人和穷人，这些人的处境在1964年《民权法案》通过后的十年时间里更加恶化了。《种族重要性的衰落》一书有相当的马克思主义倾向，其所强调的主题也会在威尔逊之后的著作中一再出现，即强调经济重组对工人的影响是跨越种族界限的。[22]

有人开玩笑说，假如威尔逊将这本书命名为"阶级重要性的上升"，它就不会产生如此大的影响。在日益保守的 20 世纪 70 年代，有关种族不平等的经济分析逐渐被边缘化，民权运动似乎也在衰退，而且全美的注意力转向了肯定性行动那些有争议的政策上，威尔逊的书在此时引发共鸣，并不是因为它的经济学框架，而是因为它给出了令人心安的信息，即美国在很大程度上走出了种族分裂的长久历史。威尔逊的书出版时，恰逢全美上下在对肯定性行动进行辩论（在该书出版的同一年，分歧严重的最高法院在加州大学董事会诉巴基案的判决中，支持在高等教育中采用种族优惠政策）。威尔逊为 20 世纪 70 年代后期分裂的种族政治提供了另一个选择——这种替代选项也让有过社区组织经验的奥巴马产生了共鸣：将包括肯定性行动在内的狭隘的种族关切推到一边，转而建立一个跨种族联盟，以此来要求工业再投资和创造就业机会。[23]

讲话轻声细语、教授派头十足的威尔逊变成了一个有争议的人物。鼓吹肯定性行动和种族融合的人认为，威尔逊高估了民权法对日常种族隔离模式的影响，同时低估了歧视的持久性。他们担心威尔逊的书将为被丹尼尔·莫伊尼汉（Daniel Moynihan）称为对种族问题"善意忽视"的那段时期正名。在20世纪70年代更加保守的社会气候中，他们担心黑人获得的那些仍然很脆弱的好处也会被削减，导致一段时间的再度隔离和种族不平等状况的继续恶化。

奥巴马被威尔逊吸引——即使许多南区黑人都对威尔逊的观点持怀疑态度。在众多黑人知识分子，包括日后成为奥巴马牧师和精神导师的赖特牧师那里，威尔逊都堪称臭名昭著。实际上，奥巴马在芝加哥三一联合教会第一次与赖特见面时就听到过威尔逊的名字。奥巴马回忆赖特提及了那些"走入迷途的兄弟，像芝加哥大学的那位社会学学者，谈论着什么'种族重要性的衰落'。他现在生活在哪个国家？"尽管奥巴马发现自己被赖特的教会所吸引，这部分是因为其"强有力的项目，这个文化社区，比简单的民族主义更灵活，比我自己的组织品牌更加具有持续性"，但威尔逊在思想上更加吸引他。[24]

威尔逊最重要和最有影响力的书，是奥巴马在芝加哥南区做社区组织者期间出版的。《真正的弱势群体》（*The Truly Disadvantaged*）一书出版于1987年，既全面又综合，巧妙地将通常被认为是各自不相干的问题编织在一个与城市不平等有关的包罗万象的理论中。威尔逊以芝加哥黑人社会作为案例研究对象，强调了去工业化的破坏性影响，其提供的证据与奥巴马的一线工作经验相符。

威尔逊还就芝加哥黑人社会阶级的二分问题提出了一个在很大程度上基于个人主观印象的论点。在他看来，中产阶级从贫困的内城街区撤出这一举动，削弱了黑人贫困人口的影响力。威尔逊认为，在种族隔离制度下，中产黑人和贫困黑人生活在相同的街区，去相同的教堂和学校。这样一来，中产阶级黑人就发挥了榜样作用，并创造了他所谓的"社会缓冲"，抵御了经济失调带来的后果。在他看来，这一切在20世纪60年代后都变了。威尔逊认为，中产阶级的外逃使芝加哥最贫穷的街区——已经被去工业化所困扰——因社会资本和文化资本的缺失而惨遭蹂躏，这些街区的居民在社会意义上与"主流社会"隔绝。他认为，肯定性行动和取消种族隔离会产生意想不到的后果，即加剧了贫困。这是对阶级划分的另一种解释，尤其在中产阶级黑人中引发了共鸣，他们带着愧疚感看待城市黑人的贫穷，回想起他们父母那一代被隔离的社区时，心里还有一丝惆怅。[25]

奥巴马觉得这个论点非常有说服力，于是在他1988年关于社区组织的文章中专门提到了这一点。这位年轻的激进主义者不仅要接受自己的种族身份，还要接受自己的阶级立场，不仅要横跨黑白两个世界，还要横跨两个相互隔离且不平等的黑人南区。当时，奥巴马并没有对威尔逊的第三组论点——该组论点强调了集中的城市贫困对家庭结构和婚姻模式的文化影响——发表意见，尽管在以后的职业生涯中，他会不断提及这些主题。[26]

借助《真正的弱势群体》这本书的出版，威尔逊为一代关注城市贫困和"下层阶级"的社会科学家定好了需要讨论的议题。威尔逊的影响力远超学术界，因为出于不同的理由，他的观点引起了主张平等的自由派人士和批评黑人家庭的保守派人士的共鸣。在之后即将进行的关于福利改革的激烈辩论中，《真正的弱势群体》也成了影响讨论的若干重要文本之一。威尔逊的书——就像社会科学中一些最具有持久影响力的著作那样——如《圣经》一般容易出现多种多样的解读。（威尔逊本质上还是一个经济结构主义者，对于他人对自己观点的误读和滥用感到遗憾。）左翼自由主义者发现，揭示长期的去工业化所造成的破坏，是威尔逊这本书最突出的贡献。保守派读者也能在威尔逊的著作中发现有用的东西，尽管对里根时代的贫困问题，他坚决批判像查尔斯·默里（Charles Murray）做出的那类解释，后者指责过于慷慨的福利国家加剧了贫困，而且提供了有碍工作和婚姻的"不当激励"。但威尔逊重提有争议的《莫伊尼汉报告》（Moynihan Report）——还有他强调市中心街区的家庭功能障碍和崩溃——这些都强化了与贫困的文化根源和行为根源有关的保守观点（虽然威尔逊——与莫伊尼汉一样——坚持认为社会解组是城市劳动力市场转型的结果而非原因）。近20年的时间里，《莫伊尼汉报告》都被人们所遗忘——被批评为"责备受害者"和强化了与黑人"母权制"有关的种族主义观点。威尔逊避免将黑人家庭描述为母系家庭，但他不加批判地接受了莫伊尼汉框架中的一个关键元素——也就是说，他强调了男性养家人的角色和女性照看者的职责。莫伊尼汉和威尔逊一样，都强调经济转型对男性劳动力参与的影响，而忽略了黑人女性在城市经济中的地位。像莫伊尼汉一样，威尔逊将家庭破裂归咎于失业和不充分就业对年轻非洲裔美国男性婚姻能力造成的

负面影响。²⁷

　　奥巴马发现自己身处威尔逊所描述的两个世界之间：活生生的"城市下层阶级"世界和该城多元化的黑人中产阶级的世界。他与罗宾逊家这样的第一代奋斗者接触；与上过精英大学的年轻黑人专业人士（律师、医生、高管）交往，这些人往往是肯定性行动的受益者，也融入了芝加哥的精英圈层，人数虽少，但增速很快；他还与资产阶级中的左翼人士以及中产阶级民族主义者一起在三一联合基督教会的教堂长椅上做礼拜。

　　威尔逊关于阶级的论点——他对城市贫困的解释，以及对黑人中产阶级与黑人贫困者之间相互分离的哀叹——有显而易见的吸引力，尤其对一些已经离开儿时居住地的黑人专业人士，他们时常带着乡愁和失落感，回顾他们父母和祖父母那代人据说是紧密联系的社区。奥巴马转述威尔逊的话，也担心"中产阶级黑人正在离开他们曾经帮助维持的社区"。但是，与某些被市郊吸引的黑人专业人士不同，奥巴马依然致力于城市。1990 年，他难得一次放下戒备，对一位采访者说："我对市郊不感兴趣。我觉得市郊很无聊。"对奥巴马来说，南区贫困的黑人街区和像他自己所在的种族混合且越来越富裕的海德公园之类的地方，这二者的命运是交织在一起的——而"整个南区重建的催化剂"将会是"那些热情投身于社区的中产阶级居民"。[28]

对"过去街区"有所怀念，认为在那里，中产阶级居民激励了穷人并维持了社区意识，与其说这是对种族隔离制度下日常生活的实际描述，倒不如说是记忆混乱的表现。城市历史学者驳斥了涉及跨种族协作和社会控制的"黄金贫民窟（golden ghetto）"概念，而这一概念曾影响了威尔逊和奥巴马，令他们对黑人中产阶级的逃亡感到担忧。威尔逊忽略了20世纪早期和中期种族隔离城市中的日常阶级冲突；而且夸大了民权对住房隔离的影响，这种住房隔离直到20世纪末，无论是对穷人还是富裕的黑人来说都是常态。那个时候，中产阶级黑人需要坚强不懈才能守住他们的好生活；他们的孩子经常是向下流动的；与和他们情况差不多的白人相比，他们的财富要少得多；而且由于种族隔离率很高，他们大多住在学校和基础设施都很破且犯罪率高企的社区，无论是从心理上还是从物理上看，都没有离贫困黑人太远。民族志学家发现黑人中产阶级家庭有一个典型特征——与白人中产家庭形成尖锐对比——那就是他们的家庭中，至少有一位成员生活贫困的可能性更高。[29]

中产阶级黑人与贫困黑人之间的差距并不像威尔逊所想象的那么大。但是他的那种看法影响了奥巴马的世界观。而且，尽管他的政治观念不断发展，但这种看法一直都处于核心位置。威尔逊的另一个主要论点——有必要围绕共同的阶级政治建立跨种族联盟——同样令奥巴马产生了深刻的共鸣。这也证明了他作为社区组织者的工作，以及他对民权运动历史的理解。这一论点也成为奥巴马政治愿景的核心议题。1995年，奥巴马谴责那些"认为这个国家在种族方面已经过分两极分化，以至于无法建立某种对带来大规模经济变革很必要的多种族联盟"的人。在全国舞台中，只要有机会，他就经常重申这一主题，最有代表性的就是2004年他在民主党全国代表大会上的演讲和他的政治回忆录《无畏的希望》。奥巴马把威尔逊的论点浓缩到五页纸里，辩称经济政策"可能根本与种族无关"，但能同时惠及少数族裔和白人。他认为："与针对特定种族的项目不同，强调普遍性可不只是好政策；它也是善政。"威尔逊证实了奥巴马的直觉，那就是即便存在很多障碍，但种族联盟在政治上是必要的。[30]

— ◆ —

很少有政治人物，特别是在全国层面取得成功的那些，会执着于单一立场。出于必要，他们的观点变化无常，受到政治潮流、选民的需求和要求，以及他们对时代精神理解的影响。20世纪90年代中期，当自由派知识分子、分析家和政治家系统处理种族、阶级和自由主义之间错综复杂的关系时，奥巴马关于种族和不平等的观点也发生了很大的转变。对奥巴马来说，这是一个过渡时期，在这之后，他便开始了第一次公职竞选之旅。

在他为伊利诺伊州参议院选举举行第一次竞选活动期间，有一个瞬间反映了奥巴马在种族、阶级和不平等问题上的立场转变。1996年初，美国民主社会主义者（Democratic Socialists of America, DSA）的芝加哥分会赞助了一个经济安全论坛。奥巴马和威尔逊在几百人面前发表演讲。针对20世纪90年代中期的福利改革政治，他发表了威尔逊式的即兴评论，借助 DSA 会务报告员所谓的"保守派最好天性和左翼更好天性"的融合（这是对奥巴马发言的近似总结），呼吁出台"创建丰饶社区"的政策。对奥巴马而言，贫穷的根本原因是内城区缺乏"人力资本"——这一主题可以追溯到 20 世纪 60 年代的"人力"开发工作，但威尔逊等人在 20 世纪 90 年代复兴了这一主题。为此，奥巴马提出了一项议题，主张加大对学校和职业培训的财政投入。[31]

奥巴马投身选举政治之际，恰逢"向贫困宣战"以来最广泛的联邦福利立法通过。《1996 年个人责任与工作机会调节法案》（The Personal Responsibility and Work Reconciliation Act of 1996）是一个颇为奇怪的成果，源自四分之一个世纪以来保守派对福利合法性的挑战，以及之前十年由基金会赞助的自由派学术研究，后者深受威尔逊对文化和结构融合强调的影响。贫困家庭临时救助（Temporary Assistance to Needy Families, TANF）创造了所谓的后福利计划，它的出现使得保守派在 20 世纪 60 年代末发起的一场讨论有了结果，这场讨论认为福利是导致贫困的主要原因，因为福利刺激家庭破裂、阻碍就业，并培养了一种不健康的依赖文化。在 20

世纪的最后三四十年里，共和党人强调白人选民对不够格的贫穷黑人的恐惧，以此利用了白人选民在经济不安全感方面的焦虑心理。同一时期，保守派智库正谋划蓝图，准备撤销监管、削弱民权执行、瓦解肯定性行动，以及在政治上可能的情况下，尽可能多地撤销与"新政"和"伟大社会"有关的福利政策。[32]

在种族、监管和福利国家问题上的右转，促使自由派知识分子和政治家进行了深刻的自我反省。基金会、政策制定者和政客围绕"针对性"和"普适性"展开了激烈的辩论，这些问题同时具有规范意义和实践意义上的重要性。从规范上讲，自由主义政治理论家试图解决社会再分配民主的问题，也就是美国社会福利国家的特殊形式。政治学、社会学以及较次要的历史学方面的学者重提了一个古老的问题：美国为什么没有社会主义（或者说为什么没有欧洲式的社会民主）？他们给出的答案五花八门，但在很大程度上，他们给出的解释都强调了美国差异政治的政治代价：在一个种族和族裔分裂的国家，很难发展出促进再分配项目的政治意愿。[33]

同时，面对美国政治的右转，政客、专家和政策分析师又开始为新的民主党多数派草拟蓝图。关于自由主义及其难题的讨论也出现在有影响力的期刊中，如《新共和》（*New Republic*）、《纽约时报》和《华盛顿邮报》。自由派记者，如托马斯·埃德萨尔和玛丽·埃德萨尔（Thomas and Mary Edsall）、米奇·考斯（Mickey Kaus）、吉姆·斯利珀（Jim Sleeper）、迈克尔·托马斯基（Michael Tomasky）认为，由于对包括肯定性行动在内的20世纪60年代的社会计划的强烈抵制，民主党在全国范围内都失去吸引力。努力工作的美国人被昂贵的福利支出疏远，这似乎是在奖励懒惰。他们认为，由于向"身份政治"屈服，民主党的处境进一步恶化。在白人左派人士的帮助和煽动下，黑人权力运动的激进分子开始疏远善意、无视种族差别的工薪阶层和中下层白人，并将他们赶出了"新政"联盟。这段历史的"教训"很清楚：只要民主党受制于"特殊利益群体"（即少数族裔），那么在总统选举中，他们就永远不会成为多数党。依照此种看法，民主党人需要与民权活动家以及像纽约的牧师阿尔·沙普顿和牧师杰西·杰克逊这类惹眼的黑人政治领袖保持距离。而且，更重要的是，民主党人必须从根本上接受保守派对福利国家的批评。[34]

在有关民主党、福利以及种族政治的辩论中，最有影响力的声音来自民主党领导委员会（Democratic Leadership Council，DLC），这是一个以商业为导向的改革核心小组，接受了许多共和党政策倡议的温和版本。如果民主党人想要赢回里根民主党人（Reagan Democrats）——那些铁锈地带的白人选民，出于对城市犯罪、未婚妈妈、福利以及税收等问题的愤怒，他们拒绝支持罗斯福的民主党——他们将不得不接受要对穷人施加"严厉之爱"的政治观点。民主党人必须重复其对个人道德和个人责任的呼吁，来夺回由共和党占领的道德制高点。这就意味着必须让福利领取者工作，扩大监狱系统，更加严厉地处罚犯罪（包括死刑），用无视肤色的举措取代基于种族的肯定性行动。[35]

虽然 DLC 主张在文化和经济政策上都向右转，但另有一些比他们偏左的民主党人，其中大部分都同情有组织的劳动者，他们主张复兴以阶级为基础的政治，认为这种政治在 20 世纪 60 年代之前一直使得"新政"联盟牢不可破。他们从民主党 1968 年之后的困境中得到了不一样的历史教训：民主党之所以败北，是因为优先考虑了种族而不是阶级，优先考虑了文化问题而不是经济问题。威尔逊便是其中之一，他——在他前两部著作论证的基础上——呼吁一个以阶级为基础的政治，强调共同的经济不满，而不是种族差异的分裂政治。为此，威尔逊强调了"普适性"而非"针对性"。对威尔逊来说，这意味着要实施他所谓的"隐秘意图"，其会"通过强调那些所有种族中更优势群体能够积极产生关联的项目……来改善诸如贫民窟下层阶级这类群体的生活机会"。关键是要在策略上接纳一些"种族中立"的社会项目，即便在这样的项目中，因为某些少数族裔群体在工人阶级和穷人中间有过高代表比例，所以会不成比例地成为受益者。[36]

克林顿政府听取了两个阵营的建议。1992 年总统竞选期间，比尔·克林顿，这位长期的 DLC 成员疏远了杰西·杰克逊，批评黑人说唱歌手苏亚修女（Sistah Souljah），并拒绝暂缓执行阿肯色州智力障碍者罪犯里基·雷·雷克托（Ricky Ray Rector）的死刑判决，所有这些举动都是为了安抚文化上保守的白人选民。但与此同时，他向威尔逊和其他主要的贫困政策学者咨询 [其中就有戴维·埃伍德（David

Ellwood），一位同样在芝加哥进行研究的哈佛大学经济学家，克林顿后来聘他来设计福利改革政策] 并认同——至少在原则上——解决城市贫困问题的办法是改造劳动力市场的观点。到 20 世纪 90 年代中期，克林顿政府已经与有争议的肯定性行动政策保持了距离（"修补它，而不是结束它"），支持以工作要求（work requirements）和工资补贴（wage supplements），代替传统的福利 ["工有其酬"（make work pay）]，支持针对"工薪家庭"而非穷人的项目，其中包括劳动所得税抵免。[37]

奥巴马厌恶克林顿的文化保守主义（他称苏亚修女事件处理得"不得体"，说处决雷克托的决定是"令人恐惧的冷酷无情"）。而且他还对克林顿试图跨越两党之间的鸿沟，推行对保守派有吸引力的社会政策的做法表示怀疑。1996 年，在接受一份芝加哥大学学生报纸的采访时，奥巴马声称："在国家层面上，两党合作通常意味着民主党人忽略穷人的需要，并丢弃政府可以在贫困、种族歧视、性别歧视或环境保护等问题上发挥作用的观念。"虽然奥巴马起初对福利改革模棱两可，但随着时间的推移，他采用了自己版本的克林顿式的三板斧，即为肯定性行动提供的版本：为平权行动提供有限度的支持、认可福利改革，与此同时，倡导扩大就业培训和托儿计划、提供交通补贴以使从福利到工作的过渡更加顺畅，还有工作所得税抵免（EITC）。当奥巴马作为参议员而在第一个任期登上国家舞台时，他进一步向克林顿靠拢，投票赞成重启福利改革，并公开赞美克林顿对道德和个人责任的强调。正如他 2006 年写的，"在福利制度之前的构成上，保守派——和比尔·克林顿——是对的"。[38]

— ◆ —

20 世纪 90 年代末，奥巴马在福利、阶级和种族方面的立场继续变化——深受芝加哥黑人城市资产阶级同化的影响。20 世纪 90 年代对个人责任的呼吁，在共和党人和克林顿民主党人那里都引发了共鸣。但这一呼吁也在一个意想不到的群体中得到有利的回应，即城市非洲裔美国人自己。黑人是最忠实的民主党人，而且几乎按照每种方式衡量，他们都是民主党偏左的那部分，但是他们对于许多社会问题的看法比大多数评论家所承认的更接近保守派。

一方面，民意调查显示，有压倒性多数的非洲裔美国人相信应当为最需要的人建立联邦安全保障，并为那些受歧视影响的人安排一些补偿性的项目。但在另一方面，总体来说，非洲裔美国人对福利持怀疑态度，不相信那种依赖性文化，而且强烈认同自力更生。笃信宗教的黑人，与虔诚的白人一样，尤其批判在他们看来对婚姻、性和家庭的不正常态度。如果说社会科学家在城市不平等（失业、歧视、隔离）的结构性原因与个人化的解释（工作伦理缺乏、糟糕的父母、私生子和药物滥用）之间画了一条明确的界线，那么许多非洲裔美国人提出的解释则将两者混为一谈。[39]

随着与芝加哥黑人城市资产阶级的联系日益深厚，奥巴马对个人责任与社会行动之间相互融合的政治越来越得心应手。社会学家马里·帕蒂略（Marry Pattillo）在她的《街区黑人》（*Black on the Block*）一书中，精彩地描述了"真正的弱势群体"与在芝加哥日益高档化的北肯伍德街区（就在奥巴马家北面）那些"黑人城市资产阶级"之间的联系。在那里，黑人城市专业人士，他们让贫穷的市中心街区日益高档化，一方面，他们会通过自己的榜样力量试图

"提振"那些陷入贫困的邻人，另一方面也会利用他们的政治和经济影响力来改善日常的生活条件。他们会从个人体验和结构性因素两个方面来思考贫困。帕蒂略所谓的"黑人中间群体（black middlemen）"将有关体面的政治主张与在地方和全国层面的政治参与相结合，以改善黑人贫困人口的处境。可以说，这是黑人精英激进主义中一个老生常谈的主题，只不过在 20 世纪末 21 世纪初有了新的表述。[40]

这是一个充满矛盾的立场——同时是社会民主主义的和家长式作风的——但这有助于解释奥巴马不断发展的种族政治观点。在社区会议上，在理发店和厨房餐桌旁的日常讨论中，尤其是在教堂里，这种立场得到了加强。为了理解奥巴马对种族、贫困和政策的分析，我们需要在那个最具争议性的地方，即赖特牧师的三一联合基督教会花一些时间。在那里，不管奥巴马是否经常参加礼拜（他声称自己错过了赖特许多最会引起争论的布道），他都在那里了解到了一种不同版本的黑人神学，而且无法被简单地归类为左翼的、自由派的或者保守派的。

其实它同时包含了上述三种倾向，但因为观察者们只盯着赖特某些最具煽动性的言论，所以很少有人能意识到这一点。赖特借鉴了"黑人解放神学"，这是一种宗教表达的潮流，结合了黑人权力运动对种族自豪感的重视和民权运动对歧视、不平等和军国主义（这在马丁·路德·金后期的布道中尤为明显）的批判，以及对个性障碍和个体原罪深刻的道德批判。赖特在批判种族主义时毫不妥协；他猛烈抨击将妇女排除在教会领导职务之外的做法；他呼吁去教堂的黑人支持艾滋病患者；他主张最低生活工资并谴责像沃尔玛这样的企业；他还批评美国在非洲的外交政策——所有这些立场和表态都使得赖特与左翼为伍。赖特也谴责克林顿政府那"乱七八糟的从工作到福利法案"政策。[41] 但是赖特也始终如一地呼吁自救。他在 1994 年布道时宣称，黑人青年"从现在开始要为我们自己的所作所为负责"。[42] 这是一个他重申多次的主题——尤其在向黑人男性发表演讲时。他在履任神职时期所强调的自律、群体自豪感，还有他所谓的"黑人职业道德"，有时会致使他呼吁听众转向内部，或者就像他所劝诫的那样，"虽然我们无法改变世界，但我们当然可以改变我们的家"。[43]

尽管公共政策的倡导者经常在个人干预和社会解决方案之间做出明确的区分，但赖特在任职期间的所作所为体现了黑人宗教思想的融合特征——这种思想对不同的信众采用不同的形式——这种思想也有保守元素，主流媒体的评论人士对此感到迷惑不解，这些评论人士中的大多数都不熟悉黑人宗教，会淡化其中的细微差别，而且也不知道如何描述这样一种政治观点，因为它不容易符合左/右、融合主义/分离主义，或者黑人权力运动/民权运动这样的传统二分法。奥巴马本人在2008年费城有关种族问题的演讲中强调了这一点，他提醒听众，赖特的神学不能简单地归结为他那句有争议的预言性的陈述，即"上帝诅咒美国（God Damn America）"。奥巴马谈到"典型的美式的——是的，是保守的——自救观念"，而这个观念也在赖特牧师的布道中被频频提及。[44]

赖特对种族自豪感、自救、社会服务和中产阶级对穷人的责任的强调，影响了奥巴马对贫困和相应政策的看法。之后奥巴马风头越来越劲，他开始宣扬个人责任的信条，此外，他还倡导就业创造计划和EITC。"当你是一个非洲裔美国人或任何其他少数族裔时，你总能找到无所作为的借口，"他在2005年的一次采访中说，"没有什么能够比在种族或贫困上为自己一无所成找借口更容易的事了。尽管不是我们选择了自己出生的世界，但我们仍有责任为这个世界做点儿什么，承认这一点很难，但最终会让你有成就感。"[45]奥巴马反复强调这些主题，特别是在以黑人听众为主的演讲中，第一次是2007年在亚拉巴马州的塞尔马；之后是在埃比尼泽浸礼会教堂（Ebenezer Baptist Church）的一次马丁·路德·金纪念日活动中；再之后是2008年在芝加哥规模宏大的使徒教堂（Apostolic Church of God）发表的那次著名的父亲节演说；再有就是2009年7月他就NACCP成立一百周年大会所做的演讲。[46]

一次又一次，奥巴马重申这个主题，一个经常去教堂的黑人非常熟悉但白人听众会感到惊讶的主题，即通向种族平等的第一步是黑人要通过自律来摆脱贫困：关掉电视、尊重长者、穿着得体、努力工作。特别是，他单独提到了黑人男性。他感叹，在使徒时代，许多父亲"放弃了自己的责任，表现得像个男孩而不是男人。我们的家庭根基也因此日渐薄弱"。公开发表这些观点的不止奥巴马一人。他的政敌，国会议员鲍比·拉什通过宣扬黑人赋权和自力更生的自救来唤醒他的黑人选民。拉什在2003年宣称:"政府永远不会解放我们。我们必须为自己承担很多责任,而且我不认为国会或民选机构是解决我们问题的万灵药。……最终,你必须下定决心改变自己。"喜剧演员比尔·科斯比(Bill Cosby)和从黑人权力倡导者变为精神科医生的阿尔文·普桑(Alvin Poussaint)合写了一本倡导自救的畅销书《加油,人们》(*Come on, People*),这本书也呼应了类似的主题。在这本书里,他们提出的观点混合了种族浪漫主义("20世纪50年代,我们敬畏自己的父母")、自由意志主义("政府不关心。人们会关心,但没人像父母那样关心"),以及古老的父母之道("关掉电视""加强标准英语""尊重长者")。一些黑人领袖——其中就有杰西·杰克逊——担心奥巴马对外传播黑人社区的"家丑";许多白人听到奥巴马呼吁个人责任,都认为这是一个勇敢的举动,证明奥巴马已经超越了种族不满,愿意站出来对自己的同胞说那些难以接受的事实。[47]

但是奥巴马对个人责任的呼吁,既不新鲜也没什么风险。在芝加哥,他曾无数次在那些对话中听到。在《无畏的希望》中,他写道:"私下里——在饭桌旁,在理发店中,以及做完礼拜之后——人们经常听到黑人为日益被侵蚀的工作伦理、不称职的父母和日益堕落的性道德而感到惋惜，他们在这么说时所表现出的那种狂热，肯定会让传统基金（Heritage Foundation）很满意。"[48] 去教堂做礼拜的黑人赞同奥巴马那些很熟悉的劝诫，而且大多数人甚至要为其鼓掌。在 19 世纪末到 20 世纪这段时间的非洲裔美国人的历史中，一个重要主题就是提升这一政治观点的重要性（黑人中产阶层发挥了特殊作用，在"向上攀爬时托举着同胞"，也就是说，成为他们穷苦的工人阶级兄弟姊妹的榜样和道德上的监护人）。拥抱"中产阶级"的价值观，是让白人全面接纳这个种族的第一步，也是重要一步。对提振和责任的呼吁，激励了无数黑人牧师、社区活动家以及知识分子开始自己的职业生涯。然而，奥巴马在自律和自救两件事上的坚定信念也不能与他的政治议题分开。奥巴马与赖特和科斯比都不同，前者在黑人教堂的讲坛上呼吁自救，后者针对黑人读者写了一本自救的书，而奥巴马的目标听众是白人选民；这也部分解释了他为何能吸引文化上的保守派选民，民主党可是在20 年间花了很大一部分精力赢回这部分选民。这也呼应了克林顿对个人责任的呼吁，但是比克林顿的呼吁更有力量，因为它似乎不仅仅是（过去也不是）一个公开的政治策略。白人评论人士理解的是，奥巴马正告诉他的"同胞"要好好表现并让自己变得跟白人一样；记者们评论了奥巴马呼吁的新颖性和他的坦率。奥巴马对承担责任的呼吁之所以看起来很新，是因为黑人政治和黑人宗教的日常世界在过去——以及现在——在大多数白人面前都是隐而不见的。

到 2008 年，奥巴马已经形成了一个大杂烩式的社会政治观，其结合了左翼对跨种族建立联盟的呼吁、我们熟知的克林顿式的福利终结倡议，以及让他能在去教堂做礼拜的黑人和文化上保守的白人之间架起一座不太可能的桥梁的基督教道德主义。正如奥巴马许多关键的立场一样，这种社会政治观是一种综合体，融合了 20 世纪后三分之一时间里美国政治和思想中的诸多深层潮流。这个综合体中的每一组成部分，单拿出来看都很熟悉，但把它们结合在一起，就不仅可以将奥巴马置入主流，还能让他立刻拥有政治上的吸引力：他同时吸引了左、中和右；吸引了呼吁将社会正义和个人责任相结合的黑人，还有相信黑人贫困的根源在于个体行为差错和道德缺陷的白人，吸引了努力将以工作为导向的经济平民主义与文化保守主义相结合从而创造一个新的自由主义的民主党人，吸引了支持两党合作改革福利的右派和中间派，也吸引了对此表示不满的左翼。这次政治融合之所以成功——就像大部分政治融合都会成功一样——是因为其使得奥巴马依然是——正如他在《无畏的希望》一书开篇几页里写的——"一块空白的屏幕，即使是政治派别相去甚远的人，都可以在上面投射自己的观点"。[49]

第三章

"更完美的联盟"

2008 年 11 月 4 日，约 20 万人聚集在芝加哥的格兰特公园。人群中有白人、黑人、拉丁美洲人以及亚裔面孔，大家都挥舞着小小的美国国旗，这一场景正体现了奥巴马的看法，即美国是一个种族混杂的国家，而八个月前在费城那次对他政治生涯有决定意义的演说中，他就已经相当雄辩地展现了这一观点。那次演讲中，奥巴马为美国人提供了一条超越这个国家最深层裂痕的道路——呼吁建立一个"更完美的联盟"——以一个共同的目标，来战胜这个国家根深蒂固的分裂。[1]

芝加哥的许多街区自发组织了小型的庆祝活动。在波多黎各洪堡公园（Puerto Rican Humboldt Park）

和墨西哥比尔森社区（Mexican Pilsen），人们燃放烟花，在餐馆和酒吧聚集，欢呼奥巴马当选总统。尽管在竞选初期，有预测称拉丁裔选民在支持一位非洲裔美国人总统候选人方面犹豫不决，但是西部山区的墨西哥裔美国人和佛罗里达州的古巴裔和多米尼加美国人的选票，对奥巴马的胜利起了决定性作用。海德公园的学生走上街头，就像他们在全国的大学城镇中所做的那样，为奥巴马的胜利当选而欢呼。芝加哥白人社区的庆祝活动更加低调。这位家乡州的宠儿在芝加哥及其更富裕的市郊区的白人选民中获得了压倒性的支持（奥巴马在富裕的白人郊区选民中获得了最大的优势，超过了他之前的历届民主党候选人）——尽管全国层面只有43%的黑人投票支持奥巴马（比2004年约翰·克里的支持率高出了两个百分点）。[2]

不出所料，最热烈的庆祝活动都是在芝加哥那几个大型的黑人街区举行的，其中大部分都与格兰特公园距离很远。在南区和西区，大规模人群聚集在一起，真的就在街上载歌载舞；汽车里挤满了欢呼的青年，他们吹着喇叭并朝车窗外大声呼叫；还有一些狂欢者朝天空发射霰弹枪以示庆祝。在芝加哥的黑人社区，几乎每家理发店、美容沙龙、餐馆，以及街角商店都张贴了奥巴马的海报（数月之后，许多海报依然还在）；街头小贩兜售印有黑色三位一体（马丁、马尔科姆和贝拉克）图案的 T 恤；奥巴马家庭的照片也成了很多橱窗的装饰。在美国选举史上，黑人选民的投票率从来没有如此之高，投票对象也没有如此明确。黑人选票在伊利诺伊州不具有决定性作用——但黑人选民这史无前例的投票率让奥巴马在几个竞争激烈的州有了一定的影响力，包括此前一度是红色州的北卡罗来纳州、印第安纳州和弗吉尼亚州。奥巴马非凡的形象——以及他在黑人英雄万神殿中的地位——表明这位当选总统在南区的意义与在其他地方的意义完全不同。他已经成为黑人意识的化身，也成为这一种族的象征。[3]

奥巴马在芝加哥的选举之夜，体现了这座城市的多样性（而且，就此而言，也体现了美国的多样性）。但是，这座城市的地理分布，即划分为不同种族和族裔的若干飞地的情况仍在顽固地拒绝变化，这也反映了现代美国的种族悖论。据粗略估计，聚集在格兰特公园的人群反映了芝加哥大都市区具有多元文化的人口统计特征。但是不同社区迥异的庆祝活动也在都市景观层面体现了种族的分布模式。派对结束后，那些聚集在一起为奥巴马欢呼的人回到了家乡，回到了那个日常生活仍然不可避免地受到种族影响的城市。自20世纪20年代开始，大都市的芝加哥一直是个割裂的地区，尤其是被黑人和白人这一种族划分所割裂。当奥巴马在25年前作为社区组织者到达那里时，在美国种族隔离最严重的都市区域排行上，芝加哥居于首位——直到今天仍旧居于高位。[4]

但一切都不尽相同：像美国许多大型（或中型）城市一样，芝加哥也因过去40年来最重要的人口现象的影响而发生转变：美国重新放开移民。作为中西部最大的城市，芝加哥长久以来都是拉丁裔和亚裔移民选择的第二梯队目的地。但是，到1990年，这座城市加入入境口岸之列，而且在之后十年里，它顶住了其位于锈带地区邻居的颓势：芝加哥城市人口增加，这主要是因为大量移民涌入。到2000年，该城人口的22%是在外国出生的。芝加哥几乎一半的新移民来自墨西哥；大约五分之一来自亚洲，包括印度、菲律宾、越南、中国和韩国。这座城市变成了多彩、多语种美国的一个象征。而且，这些新移民都没有像黑人那样被种族隔离。[5]

贝拉克·奥巴马——他本人也是移民的儿子——他身上就体现了现代美国在种族、族裔和身份认同方面的悖论。在奥巴马那个时候的芝加哥——以及过去40年来在种族和族裔方面都很复杂的美国——美国的过去和美国不确定的未来发生了碰撞。一方面，是一个白人占多数的超级种族隔离的国家；另一方面，则是一种预想，即少数族裔占多数的国家，一个旧有的种族二元对立不复存在的地方。一些未来主义者认为，到2040年，美国将成为一个棕褐色国家，曾经占统治地位的欧洲裔人口融入了一个新的整体。其他人则期待一个后种族时代的美国，其中，跨种族婚姻和混血儿将摧毁那个把所有美国人严格地分成非洲裔、亚裔、拉丁裔、美洲原住民和白人的"族裔种族五边形"。并非所有人都如此乐观。阶级不平等趋势加剧，加上持续存在种族隔离，这都使一些人预见美国未来会像哥伦比亚或巴西那样，这些地方的肤色多样性非常之高，日常的跨种族交往司空见惯，但依然根深蒂固的肤色登记制度在经济层面和社会层面都对那些非洲后裔不利。上述预言中的任何一个都可能是正确的，但历史没什么方法来评估它们的可能性，历史只给了我们一个带有惩罚性的教训，即过去绝大多数的人口和经济预测，尤其是那些信誓旦旦的预测，都已经被证明是错误的。[6]

但很明显的是，无论未来如何，当下的种族关系处于变化之中，具有连续性和断裂性混合在一起的特征。种族乐观主义者，就是那些认为美国正在变成一个后种族社会的人，以及种族悲观主义者，就是那些认定这个国家已经陷入种族压迫那根深蒂固、甚至永无止境历史之中的人，他们各自可以说既对也错，因为历史几乎不是线性发展的，而且未来也是不可预测的。对种族的科学和社会科学理解、关于种族的公众舆论，以及活生生的种族体验，这些一直都在变化：这些都受到所处文化和政治背景的影响。现如今，在社会科学中，人们已经达成共识，即种族是一个社会的、文化的，以及政治的建构，其在不同历史时间段里有不同的形式和含义。但是，在任何特定时刻，历史都在种族的定义和含义方面发挥了作用，因为黑人性和白人性的概念，以及将亚裔视作一个种族范畴或将拉丁裔视作 *la raza* 的做法，这些都会受到过去定义的影响，而且更重要的是，上述定义影响了统治他们的制度和规则。结果可能是矛盾的。例如，20世纪初，有关黑人在生物学上是劣等种族的假设导致保险精算师和房地产经济学家在居住和按揭市场中制定了官方的种族隔离政策。那些精算标准在20世纪60年代被废弃，因为种族态度已然改变，民权团体也施加了压力，而且地方、州和联邦的法律都禁止了房地产市场的种族歧视。但是住房种族隔离的模式——这是劣等种族假设的第一个后果——在此后几十年里一直根深蒂固。正如社会学家爱德华多·博尼利亚-席尔瓦所称的那样，很可能有"种族主义但没有种族主义者"，或者，换句话说，源自种族主义的公共政策，使种族不平等永久化，但不再有明确的种族理由。[7]

20世纪的美国历史——以及21世纪早期的美国历史——是由一个历史上特定的后种族框架和一种至今仍根深蒂固的种族意识之间的紧张关系所塑造的，前者现如今是一种被广泛接受的有关"色盲"的话语，对白人特别有吸引力，而后者则尤其在非洲裔美国人中间深深扎根。另外两个种族框架与这些同时存在——一个是不敢明说的白人身份政治，一个是对种族融合的感性认识，其塑造了很多新移民的世界观，也日益影响了年轻一代美国白人和黑人的世界观。种族的观念和实践，特别在个体层面，是有争议的，而且也在不断变化，可能现在变化的速度要比"二战"以来的任何时候都要快。但考虑到具体情境，关于种族的观念是最重要的，所有这些观念——"色盲"、种族意识和种族融合——都在一个种族化的地理、政治和经济环境中发挥作用，而这些观念的核心内容深深根植于 20 世纪的美国，当时黑人与白人之间的差异不仅是有影响的，而且是决定性的。过去仍然是现在的沉重负担。

让我们从微观世界开始，再逐步向外展开。这里的微观世界就是芝加哥。在那里，移民和种族多样性的新现实，确实深刻颠覆了我们对种族的传统理解；但与此同时，最近在关键方面发生的人口和经济变化强化了一些本就根深蒂固的种族隔离和种族差异模式。

2006 年秋天，大约就在奥巴马为他竞选总统作基础性工作时，威尔逊和芝加哥大学社会学家理查德·陶布（Richard Taub）在芝加哥出版了一本与种族和族裔有关的研究专著，题为《到社区去》(*There Goes the Neighborhood*)。他们在书中描绘了一个发人深省的城市景象，不同族裔群体之间都以怀疑的态度眺望划分城市地盘的那些无形边界。威尔逊和陶布总结说，"美国的城市社区，特别是像芝加哥这样的大都市地区，可能在种族和文化上仍然处于分裂状态"。这是一个令人沮丧的预测，反映出威尔逊已经偏离了他曾经坚持的立场，即在后民权时代的美国，种族歧视正在减弱。但这种看法也与社会科学研究者以及越来越多的历史学者的发现相符合，他们发现，美国 1964 年后的移民与当代美国种族和身份问题之间有着诸多复杂的联系。[8]

　　这本书最重要也最令人困扰的发现是，当谈到对非洲裔美国人的看法时，白人和拉丁裔之间的相似大于不同。例如，刚到芝加哥的墨西哥移民很快就将黑人视为爱偷懒且容易犯罪的人。在一个芝加哥街区，西班牙裔居民和白人居民组成了一个联盟，以阻止将他们的孩子被校车从街区拥挤的学校送到附近主要是黑人的学校。还有一个例子，墨西哥裔美国居民，其中许多是新来的，会表达他们对黑人的蔑视，视他们为稀缺资源的竞争对手。结果，在芝加哥，黑人与西班牙裔之间的种族隔离率是全美最高的。[9]

芝加哥并不是孤例。美国最大和族裔多样性最高的大都市地区，即纽约和洛杉矶，也经历过类似的种族间敌对和隔离。在洛杉矶，哈佛政治科学家劳伦斯·波波（Lawrence Bobo）和宾夕法尼亚大学人口学家卡米尔·查尔斯（Camille Charles）发现，新到的亚裔和拉美移民——尽管他们与占多数的白人有着复杂的关系——很快就界定了自己"非黑人"的身份。他们心向以白人为主的社区，而且和白人一样，觉得哪怕只有少量的黑人存在，也说明某个社区存在麻烦或正在衰落。[10]

尽管自20世纪早期反移民运动以来，本土主义空前爆发，但是新移民已经动摇了原有的种族分类，即使并不平衡。有关种族类别重新洗牌的最明显例子涉及的是拉丁裔和亚裔的新美国人；对非洲裔美国人来说，变化发生得最为缓慢，甚至来自利比里亚、塞内加尔、海地和多米尼加共和国等地的新移民也是如此。拉丁裔美国移民的经验对我们有一定的启发意义。最近30年，数千万来自中美、南美以及加勒比海地区讲西班牙语的移民涌入美国，反移民评论家对一群无法同化的少数群体的出现以及美国的拉丁化感到担忧。但事实证明，这种担忧是没有根据的。尽管自20世纪70年代开始这些移民群体在反歧视法和肯定性行动法律之下被视为少数族裔，而且民权倡导者也持续努力保护基于这种地位的权利，但普通的拉丁裔美国人没有努力按照一个少数族裔群体来组织，因为拉丁裔美国人的民族背景各异，拉丁美洲和美国在种族类别上是不可通约的，而且大多数拉丁裔移民和他们的孩子乐意接受"白人"这个分类。[11]

当美国人口普查局在2000年人口普查中引入"多种族（multiracial）"这个类别时，大多数观察家也都期望这一分类能够反映出黑人与白人通婚越来越多的现象。然而，事实上，那些勾选了不止一个分类选项的被调查者，他们中的大多数人选择的都是某种拉丁美洲身份和"白人"身份。相比之下，只有2%的白人和4%的黑人认为自己属于一个以上的种族。从几乎所有方来看，非非洲裔的拉丁美洲人（一个重要区别），他们的融合程度与20世纪初南欧和东欧移民的融合程度相当。讲西班牙语的拉丁裔美国人与不是西班牙欧洲人后裔之间的异族通婚率合计高达 33.33%；而且，在第一波移民美国的浪潮之后，这一比例在每一代人中都有所上升。尽管乔治·布什公开提到自己孙辈（他们的母亲是讲墨西哥语的拉丁裔美国人）时称他们是"小棕孩（little brown ones）"，但数据显示，拉丁裔美国人后代的混血孩子没有明显的非洲血统，通常被视作"白人"。[12]

当涉及那些被普遍标记为亚裔美国人的群体时，种族分类的不稳定性就更加引人注目。在这些群体的内部和它们之间都存在异数，但总的来说，20 世纪 60 年代以来亚洲移民的经历扭转了迟至 20 世纪 40 年代还占主导地位的种族秩序，那时候中国人和日本人是被禁止移民到美国的，公共卫生当局也提倡对他们进行隔离，许多亚裔（特别是日本人）甚至被禁止拥有财产。要对亚裔美国人一概而论是不可能的：举例来说，老挝的赫蒙族人、老挝人，以及菲律宾移民，比印度、中国还有韩国的新移民面临更大的障碍；前面一个群体中的许多人出身贫苦，而后一个群体中的许多人来到美国时已经有一定的资本并接受过高等教育。即便是考虑到族裔群体之间的差异，以及大多数亚裔都是新来者的事实，在美国的亚裔后代已婚人口中也有超过四分之一的人的伴侣是非亚裔的（其中87%是白人）。再看日裔美国人后代中的已婚人士，有多达70%的人其伴侣不是亚裔。[13]

移民模式也使传统的种族分类无所适从，改变了城市和大都市的地缘分布。大多数大城市都有唐人街，许多城市还有墨西哥村庄或者一些类似地方。较小的群体聚集在诸如日本町（Japantowns）、韩国街（Little Koreas）和菲律宾街区这样的地方，这些特色社区在较老旧的西部城市更为多见。但自20世纪90年代开始来到美国的新移民，有超过一半居住在城郊；其结果是，50年前还是美国"最白"的地方，开始变得极度多样化。种族隔离的模式因群体不同而差异甚大。亚裔社区——尤其是那些向最新移民敞开怀抱的——在某种程度上依然很集中（因群体不同而模式各异），但集中程度总体上看不如那些拉丁裔社区。拉丁裔的种族隔离也因群体不同而表现各异——南美移民是种族隔离程度最低的；讲西班牙语的非洲 - 拉丁裔移民（如来自多米尼加共和国的移民）的种族隔离程度最高。但总体而言，隔离模式倾向于住宅合并（residential amalgamation），但非洲裔移民在这方面是个例外，这点值得注意。[14]

　　几乎在每一个方面，非洲裔美国人都很特殊。在现代美国，种族不平等最持久的表现，是住房和教育方面的种族隔离。从 1920 年一直到 1990 年，尽管白人对黑人邻居的态度有所转变，并且地方和州都通过了反歧视法律且 1968 年《民权法案》第八章明确禁止全国范围的住房歧视，但在美国大部分地区，黑人与白人之间的隔离还是有所加剧。情况在 20 世纪最后十年略微有所改善，主要是在军事基地、大学城，以及阳光地带的新远郊地区之中或周围，这些地方没有种族对立的长期历史，而且有大都市政府或地区政府。这些地方在一定程度上废止了种族隔离政策，这一事实提示我们，政府政策和地方政府的结构在削弱种族隔离方面可以发挥强大作用；军队实质上是美国最大的种族混合组织；学院和大学通过肯定性行动使多样性在制度层面得到保证；大都市的治理不鼓励种族隔离，因为白人没有机会越过市政边界，把少数族裔抛在后边，去拥有更好的学校和公共服务的城镇。[15]

　　相比之下，在政府和学区分散的大都市地区，主要集中在东北和中西部地区，种族隔离率仍然很高。原因多种多样，但它们也反映出了自 20 世纪初就开始的歧视模式的长期影响。此前，在大多数地方——北方和南方都有——黑人和白人居住得相对较近。房地产中介拒绝将白人社区的房屋出租或出售给黑人，精算师认为一个街区的种族构成是衡量房产价值的最重要因素，而白人开始拒绝黑人进入他们的社区，有时甚至使用暴力。始于"新政"的联邦住房拥有权项目（prohomeownership programs），将歧视性条款写入公共政策。结果是，20 世纪中期，对社区种族构成的期望根深蒂固，证明人们极力抵抗变革。[16]

1968 年的《公平住房法案》（Fair Housing Act）颁布后，房地产经纪人用了更多隐蔽策略来维持街区在种族构成方面的同质性。其中最重要的一个策略是"引导（steering）"，也就是说，引导白人购房者去全是白人的社区，引导黑人购房者去黑人占多数的社区或种族变革的社区。房地产中介迎合了他们所认为的白人顾客的偏见。美国住房和城市发展部以及当地的住房和非营利机构开展了多项与住房歧视有关的系统研究，其中，成对的黑人和白人"测试者"被送到随机选择的房地产公司，研究结果始终表明，对黑人住房寻求者和租房者的歧视性待遇持续存在。最近的研究表明，在获得抵押和贷款方面也存在明显的种族差异——这让少数族裔街区尤其受到房地产市场崩溃的冲击，这场崩溃开始于2006年，并在2008年开始的"大衰退"时期加速。歧视在按种族划分的住房市场中持续产生重要影响。寻找房屋或信贷消费时，黑人根本不会拥有与白人相同的选择权。[17]

持续的居住隔离加剧了教育方面的差距。20世纪70年代末，美国的法院放弃适用布朗诉教育局案的相关令状，时间长达30年，如此一来，全国各地的校区都按照种族重新划分，尤其是分成了黑人和白人的校区。在北方——布朗案的令状在那里从来没有被彻底执行过，而且白人的跨阶层流动性阻碍了种族融合——黑人在20世纪60年代和70年代享受了某些教育方面的好处，他们与白人的分数差距显著缩小。但是在20世纪80年代至21世纪初这段时间，各个学校又重新实施了种族隔离，分数差距就不再缩小了。[18]不久之后，教育隔离的进程就在南方加剧展开，1964年的《民权法案》、教育部的干预，以及法院颁布的校车接送令，导致20世纪60年代后期种族模式出现大量转变。然而，从 20 世纪 90 年代末开始，大都市范围内的学校种族隔离废止计划被各个联邦法院撤销，它们都宣称校区的"一致性"——也就是说，在种族方面的平衡。一个典型例子是北卡罗来纳州的夏洛特，在那里，最高法院在 1972 年的一项裁决，带来了整个都市范围内的校车接送计划。到 20 世纪 80 年代，夏洛特拥有全美种族融合度最高的校区，而且在获取成就方面的种族差距也缩小了。这一种族融合实验于 2001 年结束，随之而来的是大规模的种族再隔离。最近，在 2007 年的家长参与案（*Parents Involved*）中，最高法院的保守派多数判决肯塔基州路易斯维尔市和华盛顿西雅图的自愿废止校园种族隔离计划违宪（基于"色盲"理论），而且这一裁决也威胁到了其他地方的类似项目。教育研究一直表明，以少数族裔为主的学校都会至少面临如下的一个问题：与附近白人占多数的地区学校相比，他们的资金不足；教师流动率很高；教学设施和课堂教学材料陈旧过时；以及最重要的，贫困学生占比过大，这些学生缺乏能使自己在课堂学习中表现良好的家庭资源和文化资本。[19]

　　需要注意的是，黑人与白人之间的种族居住隔离不是——或者说现在还不是——黑人和白人之间收入差距带来的自然结果。与贫穷的黑人相比，中产阶级和富裕的黑人住在白人附近的可能性只是稍微高那么一点。在对美国黑人人口最多的 30 个大都市地区进行的调研中，社会学家道格拉斯·梅西（Douglas Massey）和南希·丹顿（Nancy Denton）发现，各阶层非洲裔美国人中的种族隔离率无明显差别，无论是贫穷的、中产的还是富裕的。"即便黑人收入继续增长，"梅西和丹顿这样写道，"种族隔离也不会减少：不管黑人赚了多少钱，他们仍然会与白人保持种族隔离。"最新的人口普查数据再次申明，无论收入多少，非洲裔美国人，从总体上看，仍在居住方面遭遇种族隔离，而且，不同社会经济地位的黑人之间的种族隔离程度并无明显差异。[20]

非洲裔美国人相对于白人更有可能处于经济上的不安全地位。统计数据是冷酷的。2006 年，黑人家庭收入的中位数仅为白人的 62%。黑人比白人更有可能失业（自 20 世纪 50 年代以来，黑人的失业率一直是白人的 1.5 倍到 2 倍），部分原因在于工作场所的歧视。拉塞尔·塞奇基金会（Russell Sage Foundation）针对城市不平等的多城市研究数据表明，在底特律、波士顿、亚特兰大和洛杉矶，许多雇主都是根据他们对少数群体的刻板印象来做出招聘决定的，并用种族或者族裔来作为评判理想员工质素的"标志"。社会科学家已经证明，如果求职者有一个"黑人式"的名字，或在一个知名黑人社区居住，那么即使他的资历符合条件，雇主也会歧视这类求职者。[21] 更重要的是，黑人仍然最有可能生活在那些因国内和国际经济的深刻重组而被抛在后面的地区，尤其是在东北部和中西部的主要城市。就业的郊区化——但不是少数族裔住房和交通的郊区化——进一步减少了黑人的工作机会。结果就是，美国黑人中有将近四分之一生活在贫困线以下，而白人的这个数字是十分之一。[22]

美国最严重的种族差异表现在财富上（涉及储蓄账户、股票、债券，尤其是房地产等资产）。2003年美国人口普查局测算，白人家庭净资产中位数为74,900美元，而黑人家庭净资产中位数仅为7,500美元。正是在这方面，历史的负担最重。人口普查和社会科学研究已经证明，黑人和白人之间的资产持有量存在巨大差距，主要体现在房地产上，要知道房地产是大多数美国人能拥有的唯一重要资产。黑人仍然不太可能拥有自己的住房。即便在 2005 年，即最近的一次房地产泡沫的高峰期，也只有 49% 的黑人拥有自己的住房，而白人的这个比例是 74%。而且由于持续的种族隔离，黑人拥有的房屋价值明显低于白人拥有的房屋价值。房屋拥有率方面存在的种族差异，还有房地产价值和家庭资产持有方面的巨大差距，具有毁灭性的长期影响。许多白人可以在生活中的关键时刻（上大学、结婚、购买房屋、支付紧急医疗费用）期望获得资金支持，但巨大的财富差距意味着黑人无法获得这些支持。贫富差距也影响代际转移。多数白人可以预期至少适当继承父母积累的财富，但很少有黑人能期望有这样的好财运。[23]

　　毫不奇怪，从"新政"开始到 21 世纪初，黑人因为住房融资和个人信贷市场失灵而受到的影响异常之大。从 20 世纪 30 年代一直到 20 世纪 60 年代末，黑人很少有机会获得联邦政府支持的按揭和贷款；在同一时期及之后，他们更有可能使用诸如房地产转让分期付款契约（land contract）这样昂贵的非按揭工具来购买财产；而且从 20 世纪 80 年代和 90 年代开始，由于里根、布什和克林顿政府放松了对金融、个人信贷和按揭抵押市场的管制，掠夺性放贷人（从典当行到发薪日贷款机构再到次级抵押贷款经纪人），在少数族裔中找到了最有利可图的市场。2006年，超过一半的次级贷款流向了非洲裔美国人，这些人仅占美国人口的13%。最近一项针对《房屋抵押贷款披露法案》（Home Mortgage Disclosure Act）所做的数据研究发现，32.1%的黑人是以更高的价格获得按揭贷款的，而白人的这个比例只有10.5%——所谓的更高指的是，按揭的年利率比同样期限的国债利率高出三个百分点或以上。这样的结果就是加剧了非洲裔美国人的经济不安全感，即使是中产阶级黑人也是如此。[24]

生活质量的另一项重要衡量指标是健康。一个人对生活的长期期望，取决于其对疾病、伤残和死亡的个体感受，例如，儿童和成人生病时接受的照料，生病或致残的经济影响，还有看到一名家庭成员死亡，特别是过早死亡时遭受的毁灭感。在健康和预期寿命方面，不同种族和族裔之间的差距很明显。2004年白人的预期寿命是78.3岁，而黑人是73.1岁。黑人男性和白人男性之间的预期寿命差距更为巨大：白人男性可预期活到75.7岁，黑人男性却只预期能活到 69.5 岁。[25]

与贫困密切相关的健康方面的种族差距在整个生命过程中都很显著。2003 年，黑人婴儿死亡率几乎是白人的 2.5 倍。在贫困的中心城市，这一比例更高。在美国十大死亡原因中，黑人的死亡率明显高于白人。在整个生命过程中，黑人比白人更有可能死于凶杀、住宅火灾、溺水和行人交通事故。凶杀率差别巨大。黑人男性遭遇他杀的死亡率几乎是白人男性的 7 倍；黑人女性遭遇他杀的死亡率几乎是白人女性的 6 倍。在年轻男子中，黑人和白人之间的他杀死亡率差距最大；凶杀是 15 岁至 44 岁黑人男性死亡的最主要原因。暴力的残酷现实影响了很大一部分美国黑人，而不仅仅是穷人。最近的一项研究发现，在接受调查的黑人中，有高达 70% 的人说他们知道过去五年中有某个自己认识的人被枪杀，这一数字是白人的 2 倍多。犯罪方面的种族差异只能部分解释最终出现的显著的种族差距——但这一解释在过去十年发展迅猛，因为两党共同努力做大了这个监狱国家（carceral state）。黑人入狱的可能性是白人的 11 倍。监禁的影响，即使是短期的，也会产生破坏性的长期后果。那些在监狱里服过刑的人，不太可能找到能赚钱的工作，并且还会在一生中遭受各种各样与此相关的社会脱节以及由此带来的混乱。[26]

— ◆ —

这些令人不安的统计数据证明，任何认为美国本质上是后种族国家的观点都是错误的。但在 2008 年竞选期间，人们很少讨论这些问题，除了约翰·爱德华兹（John Edwards），他在短暂的总统竞选期间提及了上述问题。即便贝拉克·奥巴马曾做过民权律师，而且作为社区活动家和立法者有着与种族问题相抗争的长期经历，但他的顾问团担心，如果他在竞选游说过程中提及种族差距和不平等的问题，那么他可能会被打上"特殊利益"候选人的标签，或者被认为是一个种族煽动者，会忽视大多数选民的利益。结果就是，2007 年和 2008 年，奥巴马很少直接谈论种族问题，除非有人直接问及。

当然，谈到奥巴马候选人资格时，很少有政治评论员对种族问题保持沉默。它像一条黑线贯穿了民主党的初选和最后的大选，一般人们会评论奥巴马竞选的历史意义、他被一个多数党提名为首位非洲裔美国总统候选人的壮举，以及他那决定性的胜利。种族问题——通常以简化的形式——曾刺激了许多政治权威。民主党初选期间，奥巴马遭受的批评（这主要是受到少数媒体评论的推动，而不是受到任何一种公众舆论趋势的推动）主要是说他"太白了"，因而无法获得黑人选民的支持，这一看法源于一个看似矛盾的现象，即许多著名的黑人政治家支持希拉里·克林顿竞选民主党总统候选人提名。在2004年伊利诺伊州参议院选举中，奥巴马对于黑人选民来说"太白了"的看法一度高涨，但民意测验和选举结果不支持这样的看法，而早在2007年2月，也就是民主党初选前的民意调查中，情况也是如此。奥巴马曾描述白人工人阶级选民很"苦"，这一论调引起了轩然大波，在此期间，种族预测采取了不同的形式。按照新的观点，奥巴马"太黑了"，无法获得蓝领选民的支持，而蓝领选民长期以来被认为是至关重要的关键选民。这两种观点都是基于主观印象而不是客观数据。奥巴马对蓝领白人来说"太黑了"的观点因2008年大选数据而成了无稽之谈，这场选举的数据结果表明，低收入白人选民对奥巴马的支持超过了2004年的约翰·克里（John Kerry）和2000

年的阿尔·戈尔（Al Gore）。[27]

当希拉里·克林顿将 1964 年和 1965 年民权立法的通过归功于林登·约翰逊时（而不是强调马丁·路德·金的作用），奥巴马的支持者就指责这位主要的党内对手对种族不够敏感，如此一来，种族间的紧张局势又短暂出现了。在南卡罗来纳州紧张的初选期间，奥巴马的竞选团队指责前总统比尔·克林顿将奥巴马的竞选活动与杰西·杰克逊在 1984 年和 1988 年的竞选活动相提并论，从而助长了种族分裂。在初选和大选期间，明确的种族主义宣传、修辞以及姿态都引起了媒体的广泛关注。互联网上充斥着奥巴马那些带有种族色彩的夸张人物漫画，激起了自由派博客作者的愤怒。连续几天，博客圈里充斥着各种各样的素材，比如，有一张加利福尼亚共和党的传单，其中，奥巴马被西瓜、炸鸡和排骨包围，还有一位高级别共和党人物所录的一首歌，用的是《神龙帕夫》（"Puff the Magic Dragon"）的曲子，歌名叫作《神黑贝拉克》（"Barack the Magic Negro"）。[28]

除了那些小小的种族纷争——甚至还有渗透进竞选活动中邪恶的种族主义——2008 年最引人注目的，就是"色盲（color blindness）"论调的普遍兴起，不管是民主党还是共和党均是如此。在南卡罗来纳州紧张的初选之后，奥巴马的支持者在祝捷大会上反复呼喊"种族不重要！种族不是事儿（Race doesn't matter）"，激励了一大群人。对他们来说，奥巴马的反对者在不遗余力地否认自己在竞选游说中使用种族问题作诱饵，哪怕是一点点这样的暗示和迹象都唯恐避之不及。没有投票给奥巴马的人中，只有一小部分声称他们是出于种族原因而没有投票的。政治科学家安德鲁·盖尔曼（Andrew Gelman）和约翰·西德斯（John Sides）对竞选结果做了广泛的分析研究，他们发现，奥巴马的种族对选民来说更有可能是优势，而非劣势。[29]

绝大多数选民表示，种族无关紧要，这与南卡罗来纳州祝捷大会上的口号如出一辙。"色盲"言论的普遍兴起，证明半个多世纪以来，在将明显的、公开的种族偏见表达变得不合法方面，民权运动居功至伟。北方在整个 20 世纪 50 年代，而南方至少要到 20 世纪 60 年代，在公开会议上、在写给民选官员的信中，以及在公共场合与黑人的交往中，白人都在普遍使用一些污蔑性的称呼。虽然还有一些顽固不化的种族主义者会大声叫嚷着"黑鬼（Nigger）"，或把非洲裔美国人——包括奥巴马——描绘成猿猴，或更糟糕的，描绘他们被绞索吊着以此来恐吓黑人，但与半个世纪以前相比，此类事件已经少了很多，造成的后果也远没有那么严重。

更具重要意义的是，无论从哪个方面衡量，公开表达种族主义情绪的白人数量急剧下降。到20世纪60年代，民意测验和民意调查显示，白人声称，白人和黑人除了肤色，没有不同。面对那些衡量种族偏见的调查问题时，越来越多的人的回答是"否"，包括他们是否介意有黑人邻居，或送自己的孩子上种族混合的学校。到20世纪70年代，大部分南方的白人不再自称支持官方的黑人歧视法案。到2007年，统计学上已经出现了令人不可思议的事，87%的白人声称有黑人朋友。现在看来，白人宣称自己是"色盲"已经成为一种时尚。[30]

也许，他们对"色盲"的表达是虚伪的。例如，一些神经心理学家认为，种族偏见在潜意识里根深蒂固。调查研究人员认为，白人会被暗示要尽量避免表达种族主义情绪，尽管他们心里没变。要发现持续存在的种族主义，就需要设计出更为巧妙的问题来发现偏见。一些社会学家声称，"色盲"的言辞只是烟幕弹，为仍然根深蒂固的种族主义披上了正当的外衣。但是，不管这种"色盲"的措辞是真实、肤浅还是虚假的，"色盲"言论的普遍存在已经深刻改变了政治家和政策制定者谈论种族的方式。奥巴马看到了"色盲"言论带来的机会，但也受其局限的限制。

20世纪下叶，随着"色盲"信念普遍得到支持，对于种族隔离和不平等的持续存在，有了一系列新的解释。种族隔离不再具有法律效力；它不再是非理性偏见的产物。更确切地说，种族不平等是对种族保持中立的市场力量的自然结果。相似的人会生活在一起。所有还未破除的种族隔离，都是无数个人选择（如去哪里吃饭、购物或居住）汇总的结果，这些选择反映了群体的亲缘关系。这种解释有几分道理，似乎更加可信。种族隔离部分是由于个人对居住地点选择的结果，部分是基于健康的社区认同感（比如，一些黑人偏好全是黑人社区的舒适感和熟悉感），还有部分是因为在学校教育和市政服务质量方面的理性选择。但是这种观点基于三个错误的假设：黑人和白人在居住地点方面都有不受限制的选择自由；住房市场没有受到过去政策遗留的种族歧视的影响；以及不同市政区和学区之间的差异与种族无关，即便条件最好的社区几乎没几个黑人居民。

"色盲"还有另一种更温和的表现形式。从积极方面来看，公开的种族言论减少的一个必然结果是在反种族主义的公开表达和公开姿态中被发现的。就在"色盲"言论盛行之时，白人开始对种族主义的指控进行辩护和反击。20世纪40年代，当民权主义者强调种族主义中有反美因素时，许多白人开始主张宪法权利，进而捍卫自己的立场，包括结社自由。但到了20世纪60年代，新的提法开始出现在信件、公开声明和日常话语中，比如"我不是种族主义者，但……"或者"我相信所有人都是一样的，无论是黑是白，是黄是紫，还是绿"。白人会迅速地，通常是激烈地，否认种族主义的指控，不仅如此，他们也会迅速地提供证据，证明自己的宽容和思想开放。此类反种族主义言论频繁出现，这表明，政治、宗教和教育领域的种族偏见去合法化的努力产生了深远的影响，但与此同时，种族仇恨的持续存在也时时让人有一种不安全感。[31]

关键是，美国白人生活在一个悖论之中。如果他们绝大多数人仍然住在种族隔离的社区，把自己的孩子送到种族隔离的学校，而且日常生活中也很少和不同种族背景的人有什么切实的交流，他们要如何体现自己的反种族主义和他们所持的"色盲"态度呢？

越来越多的白人开始公开否认自己的种族主义，他们对美国的种族关系也越来越乐观。这种乐观既基于他们的自我认知，即他们不再是种族主义者，也基于他们对20世纪60年代民权立法的理解。公共场所废止了对黑人的种族歧视——1964年《民权法案》第二章的结果——这使得最恶劣形式的种族隔离几乎在一夜之间消失了。黑人和白人分开使用不同的公共饮水器，这在南方一直到20世纪60年代都是司空见惯的事情，现在已经成为过去。全美范围内，无论是公共的还是私人的黑人种族隔离都很快消失了。过去，南方大部分地区由于当地的法令、北方大部分地区由于根深蒂固的习惯，酒店和餐馆经常歧视和排斥黑人，现在却向所有花钱的顾客开放，无论他们的肤色如何；黑人不再只能坐公共汽车的后排位置或电影院的"乌鸦窝（crow's nest）"。虽然这些明显的种族隔离的消失是一个重大的胜利，但这绝不是种族不平等的终结。然而，大多数白人认为种族不平等已经终结了。到 20 世纪 70 年代，大多数白人认为，黑人获得了平等——到了 20 世纪 80 年代和 90 年代，有一定数量的少数白人更进一步，认为黑人在生活的许多领域里都比白人有优势，因为在招聘、大学录取和政府合同方面有肯定性行动之类的项目。[32]

强调多样性及其结果进一步强化了"色盲"这一美德——在以前由白人主导的机构中，非白人的面孔越来越多。正如社会学家奥兰多·帕特森（Orlando Patterson）所言："今天，美国在政治、市政和文化方面的种族平等已经远超任何其他发达社会，甚至超过任何一个发展中世界的大型多元社会。"[33] 高等教育精英机构的学生组成结构和大公司白领工人群体中发生的剧烈变化，已经为相对较少的高资历少数群体创造了非凡的机会。但是，变化——高阶层方面的变化——几乎不会向下扩散。精英阶层的多样化与日常生活中的种族平等安排之间没有必然的联系。少数族裔的象征性融入和种族观念理论上的转变并没有深刻改变居住隔离或城市贫困的局面，尽管它们在一些边缘地区实现了变革。事实证明，多样性充其量是实现种族平等的间接途径——不过，在鼓吹黑人进步的障碍几乎消失方面，它的确发挥了关键作用。[34]

即使美国是一个"色盲"社会的主张被广泛接受，那么它仍然有程度不一的表现。也许最普遍的是我所说的标准"色盲"，即呼吁拒绝所有基于肤色的分类，怀疑任何官方对种族差异的认定，无论差异是统计数据中的，还是自我认同中的或医学和科学研究中的。这种对种族中立的看法首次体现在第二次世界大战之后州和地方的反歧视法令中，当时立法者通常禁止在招聘和住房广告、就业办公室和公共设施中使用种族分类。标准"色盲"影响了1964年《民权法案》的语言风格，而在20世纪60年代后，它已经成为国家政治的主旋律，无论处于政治光谱的什么位置，人们对此都会表示赞同。标准"色盲"的拥护者认为，尽管种族分类可能出于好意，但其强化了对种族的本质主义理解，这种理解是有问题的，而且种族分类还把这种理解变得具象化。确保非洲裔美国人有均等机会的最好方法——按照这种观点看——就是停止谈论种族。

如果视"色盲"为一项原则这种认知有广泛的共识，那这种认知也有不同的政治表现形式。在右派看来，最有影响力的是自由放任的"色盲"。保守的"色盲"鼓吹者认为，由于20世纪60年代中叶的民权立法，美国已经跨过了一个关键的门槛。民权法使任何种族分类的使用违宪，无论这些分类的初衷在表面上看如何有益。这个主张的必然推论就是，由于根除了正式的、国家认可的歧视，那么剩下的种族不平等就是某种残留，是个人行为或文化缺陷的结果。按照这种观点，是政府的各项计划——而不是种族主义——加剧了不平等。黑人之所以贫困，是因为诸种社会计划，比如社会福利，其助长了"依赖"而不是"自给自足"，制造了"负向激励"。针对少数族裔的各项计划，例如在招聘、政府合同和大学招生方面的肯定性行动，或者为少数族裔购房者提供特别援助，这些都以具体的实例说明了公共政策中存在的对种族差异持有的有害观念。最重要的是，种族偏好显然对白人不公。"色盲"的公共政策在奖励个人时应基于人们的长处——考虑他们的内在品质而非肤色。这种态度其实就是让市场规律来左右个人命运。[35]

左派都是战略性"色盲"的鼓吹者，他们可能会承认种族不平等持续存在，但他们认为，关注特定种族的不满会产生政治责任，由此带来的利益远胜其他。按照这种观点，强调种族差异会激起政治上的抵抗，这会抑制跨种族联盟的形成，而对重振社会民主政策以减缓不平等来说，这种联盟是必需的。那些继续坚持种族差异和歧视的活动家、学者和政客们会助长白人的愧疚感，并在这个过程中，疏远了那些不应为过去的歧视行为负责的人。那些呼吁战略性"色盲"的人往往会奋力争取"普遍适用"的政策，为所有弱势群体提供福利，无论种族或族裔如何，以替代那种指定种族或族裔受益者的"针对性"项目。许多人呼吁推出基于阶级的福利计划，如无论肤色而让低收入人群受益的肯定性行动计划，或跨越种族边界旨在解决低薪工作人员共同困境的亲劳工的社会福利政策。一些倡导战略性"色盲"的人表示，这些计划只是把解决美国的种族不平等问题作为一个附带利益，而非明确有意如此。[36]

贝拉克·奥巴马曾与"色盲"问题纠缠，我们可以在他 2005 年的政治回忆录《无畏的希望》中明确地看到这一点。"无论正确与否，在美国，白人的愧疚感已经耗尽了，"奥巴马写道，"即使是心地最公正的白人，那些真正希望看到种族不平等终结、贫困得到缓解的人，也倾向于反驳那种种族受害的说法——或者基于这个国家种族歧视的历史而提出的特定种族诉求。"这是他比较敏锐的观察之一——而且其也从根本上影响了他在初选和大选中的政治策略。奥巴马敏锐地意识到了白人在种族问题上的疲惫，巧妙地绕过了仍然存在的种族不平等问题。相反，他提供了一个含蓄的承诺，即他的当选本身就是"色盲"的体现，毫无疑问地证明了，肤色不再是任何人野心抱负的障碍。奥巴马的成功，从象征意义上说，将标志着少数族裔充分融入了这一多元化的国家。换句话说，奥巴马的种族特征其实很重要，是美国种族中立的明证。

奥巴马的对手同样意识到白人的这种疲惫，哪怕奥巴马在竞选活动中涉及的最轻微的有关种族不公的建议，都会被他们抓住不放，声称奥巴马在"打种族牌"——有时候，就像约翰·麦凯恩所说，"从头到尾都在打种族牌"，或者还有更极端的，只要奥巴马提及种族，那他就成了一个"逆向种族主义者"，是一个藐视白人的候选人。为了扩大他在白人中的支持者，也为了躲避对手的批评，奥巴马有充分的政治动机避免谈及种族问题。他自觉地闭口不谈种族问题，这无疑体现了他现实政治的一面，但更重要的是，这也提醒人们注意，"色盲"的这种说辞是如何掩盖种族界限持续存在的事实，并将那些有勇气打破这一界限的人推向边缘的。[37]

但2008年3月，在他牧师的布道视频引发轩然大波之后，奥巴马再也无法回避种族问题了。虽然新闻报道只抓着赖特豪言中的若干片段，但那句近乎咆哮着说出的咒语"上帝诅咒美国"——其被无限循环重复——就已经足够刺激奥巴马的批评者并让他的许多支持者感到不安了。评论家们提出了许多尖刻的问题。这位"后种族"时代的候选人真的是一个隐秘的黑人民族主义者吗？他是否赞同批评者所谓的恶毒的"种族仇恨"，也就是赖特讲坛上传出的那种由黑人发起的"种族歧视"？奥巴马别无选择，只能与赖特那些最具煽动性的言论保持距离，尽管他做得很巧妙也很小心。他并未摆出防守姿态，而是将这场合法性危机转化为一个非凡的机会——而且在这个过程中，他还做了一次有力、老练且影响深远的演讲，堪称重要政治人物对种族问题所做过的最博学的长篇演讲。

奥巴马在费城的美国国家宪法中心发表了题为

"更完美的联盟"的演讲，就像最好的政治演讲一样，除了明说的内容，演讲省去和隐去的内容同样值得注意。这场演讲让我们能够一窥奥巴马思考当前美国种族悖论时使用的框架。在这篇集大成的演讲稿中，他将个人经历、历史经验、标准观点和排斥性观点结合在一起。他试图缓解人们对他与"黑人权力运动"之间联系的担忧，也努力让自己与那种以不满情绪为基础的种族政治保持距离，可在某种程度上，恰恰是这种做法使他疏远了潜在的白人支持者。但是奥巴马做了更为重要的事情。他为美国人提供了一条跨越这个国家根深蒂固分歧的道路，他承认糟糕的过去及其流弊，也为能够带来出路的公共政策制定了若干原则。

他的演讲有四个重大主题：第一，奥巴马承认持续存在的种族分裂——注意，过去他大多以过去时谈论这一话题。第二，他提出，黑人对歧视的愤怒与白人的反击，这二者之间在道德上是对等的。第三，他歌颂混杂性（hybridity），并结合自身经历，宣扬自己是非传统美国的化身，而在这样一个美国里，种族差异变得越来越模糊，成了新的东西。第四，他呼吁黑人、白人和拉丁裔，以及劳工阶级和中产阶级组成一个"更完美的联盟",由一个共同的国家目标团结在一起。这是他对标准"色盲"的认可。最后,他转向公共政策,呼吁创建一个种族多元的治理联盟,由劳工阶级的黑人、白人和拉丁裔带头——一种战略性"色盲"——来解决美国社会仍然存在的经济不公平问题。总体而言,这次演讲是在综合基础上的再一次综合,重申了从奥巴马在芝加哥担任基层组织者开始就贯穿他政治修辞始终的那些主题,不过这次是把这些主题打包成了一个从未有过的整体。在接下来的内容中,我会逐个关注每一个主题。

种族分裂。奥巴马坦率地承认当前所承受的历史负担,直指他所说的那个写进了美国宪法中的"奴隶制原罪"。而且,他也从长程历史的角度出发,审视克服这一原罪所做的诸般努力,即从"街头和法院的抗议和斗争,以及内战和公民不服从"开始,直到最终缩小了"我们对诸种理念做出的承诺与我们所在时代的现实之间的差距"。奥巴马将目光转回 20 世纪——把那段"原罪"的历史与许多听众的人生经历紧密联系起来。"今天存在于非洲裔美国人社区的许多明显差异都可以直接追溯到从过去延续至今的不平等。"借助专门针对美国城市种族和不平等的学术研究，他将美国联邦住房管理局的歧视性政策——1934 年至 1968 年间限制向种族同质化街区提供政府支持的抵押按揭贷款的政策——与当代黑人与白人之间的贫富差距联系起来，展示了自己对公共政策如何造成结构性不平等的精深理解。而且，他承认将黑人排除在工会和公职之外所产生的长期影响。这是一堂不同寻常的历史课。

但紧接着，奥巴马很快改变了语气。他又开始使用过去时，将这个世界描述成"赖特牧师和他那代非洲裔美国人成长的现实。他们正是在（20 世纪）50 年代末和 60 年代初成年的……"。他传达的核心信息——出自他对民权历史的理解以及威尔逊式的社会学——是有某种断裂的。对奥巴马而言，歧视几乎已成过去；针对种族不平等的愤懑，如赖特牧师布道中的那种，并非出于对现状的坦率评估，而是根植于老一辈的过往经历。奥巴马说："引人瞩目的，不是有多少人在歧视面前失败了，而是有多少男男女女克服了困难。"奥巴马对历史的运用富于力量，而这力量正源于他对美国根本上的乐观主义的认可，一个缪达尔在大约 60 年前就看到的，即他所写的"无边无际、充满理想主义热望"的"美国信条"。[38]

对等。奥巴马强调了黑人的愤怒，这种愤怒"可能不会在公开场合，不会在白人同事或白人朋友面前表达"，但"的确在理发店或餐厨周围找到了共鸣"。奥巴马的这些话无疑源于他的过往经历。他曾在奥尔特盖尔德花园住房项目中挨家挨户组织活动，曾坐在三一联合基督教堂的长椅上参加礼拜活动，还曾在大部分都是黑人的伊利诺伊州参议院选区里参加过数百次的社区会议和竞选活动。这句话也反映了普遍存在于美国的对种族问题的深刻悲观情绪，即使在奥巴马跃上国家舞台的那一刻也是如此。2007年秋天，就在奥巴马发起竞选时，皮尤基金会的调查研究人员报告说，三分之二的黑人认为，他们在工作场所，以及需要租赁或购买一栋住房或公寓时，"几乎总是"或"经常"面临歧视。超过一半的黑人报告了自己在零售店和餐馆受到了歧视。奥巴马认可了这些黑人遭受的苦难和他们对白人美国的深刻怀疑："但愤怒是真实的；它是强大的；而如果只是简单地希望它消失，在不了解其根源的情况下谴责这种愤怒，那就只会扩大种族之间已经存在的分歧之渊。"这也许是整个演讲中最有力的一段话。[39]

接下来，奥巴马就讲出了此次演讲中无疑是最具争议性的内容——他对白人反击的讨论。他准确地描绘了白人劳工阶级的脆弱和不安全感，与他在竞选活动中赢得白人劳工阶级选民的努力遥相呼应，特别是在克林顿竞选团队指控他"脱离选民"以及新闻媒体报道说他的"精英主义"疏远了普通人之后。为了强调对蓝领白人的同情和理解，他列举了白人的种族不满，并援引了20世纪80年代中后期记者和专家广泛发表过的观点，即民权运动是一个零和博弈，其迫使白人付出了高昂的代价。在奥巴马的讲述中，那些憎恶校车接送学生（过去几十年，这个问题在全美的大部分地区都已销声匿迹）的人，还有那些对高等教育和工作场所的肯定性行动表示愤慨的人，他们的愤怒和那些持续遭受歧视的黑人们的愤怒一样正当合理。不过，几乎没有证据显示白人曾被肯定性行动或其他补偿计划所伤害。正当许多普通市民认为白人的种族主义和黑人的种族主义这二者是作为基本的道德等价物而并存时（最近，最高法院在西雅图和路易斯维尔的校园废止种族隔离案的判决中也采取了相同的立场），奥巴马也提供了他本人对这一立场表示赞同的意见。[40]

混杂性。奥巴马费城演讲的内容中，一个次要但仍然重要的主题，就是种族和族裔分类的不稳定性和易变性，要知道在如今的美国，移民和跨种族婚姻（正如奥巴马的父母那样）正在挑战传统的种族和身份认同观念。奥巴马的演讲反映了——也许比任何出版物都更好地反映了——20世纪末美国的种族悖论，到了这一时期，美国人口的多样性水平无疑是自19世纪末20世纪初的大移民潮以来最高的，用一个陈词滥调来形容就是，当代的美国是一个"带连字符的国家"，一个身份认同多样、碎片化又互相对抗的地方，但这样一个美国是奥巴马不能认可的。奥巴马重申了他回忆录中的一个主题，在费城演讲的开篇就把自己定位成一个彻彻底底的美国人，但与此同时，他也把自己视为一个新的后种族秩序承诺的化身。"我的父亲是肯尼亚黑人，我的母亲是堪萨斯州的白人。我在白人外祖父和外祖母的帮扶照看下长大，我的外祖父曾在大萧条中幸免于难，于第二次世界大战中在巴顿将军的军队里服役，外祖父身在海外之际，我的外祖母在莱文沃思堡（Fort Leavenworth）的轰炸机装配线上工作。我去过美国一些最好的学校，也曾在世界上其中一个最贫穷的国家居住过。我娶了一位非洲裔美国人，她身上流淌着黑人奴隶和奴隶主的血——也是我俩传承给两个宝贝女儿的遗产。我的兄弟姐妹、侄子侄女、叔伯表亲，他们来自不同种族，有着不同的肤色，散布在三个大洲，而只要我活着，我就永远不会忘记，我的故事在世界上任何一个其他国家都是不可想象的。"

奥巴马所体现的这种混杂性既是文化上的也是抱负上的：这种混杂性与现代美国盛行的"色盲"语言有深刻的共鸣，强调了20世纪末21世纪初美国诸种种族身份的不确定性（indeterminacy）以及本性（self）的易变特征。这是奥巴马探求种族身份问题过程中的一个极具影响力的高峰，最终超越了马尔科姆·埃克斯、约翰·刘易斯，甚至是马丁·路德·金（而且还以某种方式将其家乡回溯到了他在竞选活动中甚少提及的地方——夏威夷）。这次演讲还建立在一种有关多样性的修辞之上，这种修辞可以追溯到20世纪三四十年代的跨文化教育运动——该运动呼吁要颂扬各类群体对美国历史的贡献——并反映了美国最高法院大法官刘易斯·鲍威尔在具有里程碑意义的巴基案（*Regents of the University of California v. Bakke*）判决中所阐述的观点，即美国是一个"有许多民族的国家（nation of many peoples）"。而且，演讲还强化了一种观点，即种族同化是美国例外主义的核心，而这一立场被加拿大、法国和瑞典这些多元国家的少数种族和少数族裔的经验证伪，这些国家远非乌托邦，它们的跨种族婚姻比美国更普遍，居住隔离率也低得多。然而，无论是美国堪萨斯州人还是肯尼亚人，无论是欧洲裔美国人还是非洲裔美国人，奥巴马生活其中的那个美国，其中的次血统原则——"一滴血"规则——仍然影响着人们对非洲裔的看法，即使这一原则几乎不符合美国多肤色、多族裔的现实。无论是对奥巴马，还是越来越多的欧裔、拉丁裔以及亚裔的美国人来说，混杂是一种选择。但对大多数非洲裔美国人来说，采用混杂身份几乎是不可能的——事实上，许多人也不喜欢。[41]

联盟。奥巴马演讲的高潮就是呼吁建立一个"更完美的联盟"。这是一个有强烈暗示意味的短语，融合了联盟政治和国家使命，既雄心勃勃又非常务实。奥巴马把战时牺牲的共通命运、"各种肤色和信仰的男男女女在同一面星条旗下效忠、战斗、流血"的共同经历，作为建立国家认同的基础。正是这种能够唤起感情和记忆的话语，强调了美国作为一个国家所具有的同源关系，这挑战了过去那种以血缘和种族为纽带的联盟。奥巴马呼吁建立"更完美的联盟",这让人想起了林肯,不过是为解决紧迫的社会和经济问题的务实努力服务。对奥巴马来说,"联盟"既是手段又是目的。"我深信,只有我们团结起来去解决——只有我们完善了我们的联盟,明白我们虽然有不同的经历,却有共同的希望;也许我们看法各异、出身不同,但我们都想往一个方向前行——才能克服诸多挑战。"但是,最终,共通的命运与其说是共同的牺牲或共同的希望,不如说是共同的不满:"那些正在偷走黑人孩子、白人孩子和西班牙裔孩子未来的破碎学校……让所有不同背景的人失望的医院……那些曾经为每个种族的男男女女提供过体面生活而今却倒闭的工厂,以及那些曾经属于每个宗教、每个地区和各行各业的美国人而今却要售卖的房屋。"联盟既是目的性的,是国家层面长期践行至善论的结果,也是过程性的,是"相互交流"的结果和对"不同故事"的分享;但归根结底,它是联合的,是最大限度地消除差异,服务于共同的国家目标,特别是贝拉克·奥巴马的当选,以及改善教育和医疗,复兴工业和支持人有其屋等公共政策的制定和实行。

奥巴马的演讲最终还是遗留了许多未被解答的问题，特别是在日常的政策制定领域。对差异的承认和对联盟的呼吁如何才能转化为行之有效的政策？奥巴马将如何应对持久的种族不平等和那些过去制造并强化了种族歧视的公共政策遗产？奥巴马的言辞暗示了他更倾心于"普适性的"而非"针对性的"社会项目。但是，他承认歧视依旧存在，也承认奴隶制的流弊，这就表明他愿意维持和维护民权立法，在克服种族不平等时将种族纳入考虑。奥巴马既强调差异又强调团结，既突出种族差异又主张种族混杂，还强调黑人和白人的种族不满在根本上的道德对等性。奥巴马的种族愿景到底有什么样的政策暗示？

　　奥巴马上任的第一年，种族问题基本上仍然是次要的——甚至更为次要，更重要的问题是国际金融危机、关于医疗保险改革的辩论、阿富汗战争的升级和当时正在伊拉克进行的军事行动，因此，在这段时间里，对种族政策做出的任何评估，必然都是不完整的。但奥巴马政府最初的努力表明，他在言辞和纲领上的承诺与他在总统竞选期间的立场一致。

奥巴马提出的第一项政策——融合了克林顿的自由主义和基督教的道德主义——是呼吁个人责任。这是他在费城演讲中反复提及的，当然，2004年他在民主党全国代表大会上的讲话、2007年在塞尔马对黑人领袖和民权活动家所做的演讲、2008年在亚特兰大埃比尼泽浸礼会教堂的演讲，以及2009年在NAACP纪念大会上的演讲都曾提及这一观点。他在NAACP纪念大会上的演讲，尤其体现了奥巴马的种族融合态度：反思歧视的同时还要反思"我们国家歧视的遗产所遗留的结构性不平等"，呼吁民众支持民主党提出的教育和医疗计划，以及，在引发了最多争论的那部分演讲内容中，他再次重申，非洲裔美国人应该有"一个全新的观念，一整个全新的态度"，并承担起"我们的责任"，教育孩子追求卓越。"我希望他们有志成为科学家和工程师——医生和老师——而不只是球员和说唱歌手。"[42] 在这方面，奥巴马其实遵循的是一个历史悠久的总统任期传统——把白宫的椭圆办公室当成天字第一号讲坛，扩大其影响力。但是，奥巴马比克林顿走得更远，后者虽然也呼吁承担个人责任，但他自己的生活方式本身没有说服力，而这位美国历史上的第一个非洲裔总统不仅仅是做出呼吁，也希望自己成为非洲裔美国人的榜样，即使几乎没有证据表明，劝诫和个人榜样会对贫穷的根本原因产生多大影响。

然而，当谈到白人时，奥巴马通常会离开那个讲坛，规避政治风险，不再强调个人或团体责任，而是更多地呼吁对话和教育。奥巴马对黑人个人责任的劝诫之语只引发了一小部分左翼分析人士的怀疑，与此不同，他仅仅只是提及白人的种族主义就引起了轩然大波。比如，在宾夕法尼亚州的民主党初选中，奥巴马暗示自己的祖母害怕黑人男子并"曾说过使我感到难堪的与种族或族裔刻板印象有关的话"，之后在一次采访中，他还说祖母是一个"典型的白人"，这也引发了极大的愤慨。大选期间，奥巴马因其幽默发言而受到指责，他说自己"不像美元钞票上的其他几位总统"，竞选发言人罗伯特·吉布斯（Robert Gibbs）虚伪地说这句话"无关种族"，可随后，竞选顾问戴维·阿克塞尔罗德就承认其与种族有关。奥巴马的政治团队从这些群众愤怒中吸取了教训：即使在明显的种族主义面前也要保持克制。无论是在竞选过程中还是在任期内，奥巴马都能收到大量充斥着种族主义仇恨的邮件，被从不同角度描绘成一个"种族主义者",指责他"对白人或白人文化有着根深蒂固的仇视",说他是一名非洲巫医,一只猴子,以及一个危险的局外人,盖因他是肯尼亚人的后裔。博主们广泛地报道了针对奥巴马的种族谴责,而且一些著名的评论家,包括前总统吉米·卡特,指责奥巴马的反对者为种族主义者,奥巴马坚决拒绝谴责那些以种族为诱饵的批评者,他只把这些人当作干扰,而非真正的威胁。[43]

作为总统,奥巴马再次意识到坦率谈论种族问题的代价很高,这次的教训来自哈佛大学非洲裔美国人研究教授小亨利·刘易斯·盖茨,盖茨在他位于马萨诸塞州剑桥的家中被一名白人警察詹姆斯·克劳利(James Crowley)逮捕,此前,盖茨和一名出租车司机撬开一把坏掉的锁进入了自己的屋内。这一事件激怒了平时镇定自若的奥巴马,这不仅因为他和盖茨是好友,还因为他长期以来就很关注警察的种族侦防。2009年7月,在一次冗长的有关医保的新闻发布会即将结束之时,针对与盖茨争议有关的一个问题,奥巴马给出了不加掩饰的回应,尖锐地指出,剑桥警方"行为愚蠢,在已有证据证明某人是在自己家里的情况下,还将其逮捕"。奥巴马接着给大家上了一节简短的历史课："我们知道，抛开这件事不提，在这个国家，长久以来，非洲裔美国人和拉丁裔美国人就被执法部门不成比例地叫住。这只是一个事实而已。"奥巴马一反常态的坦率产生了事与愿违的后果。保守派痛斥奥巴马是"种族主义者"而且反警察，包括克劳利及其上级在内的许多执法官员都重申了这一立场，他们指责奥巴马在不完全了解案情的情况下，不恰当地干涉警察事务，侮辱执行逮捕的警察。评论人士和博主几乎从各个角度仔细研究了这一事件和奥巴马的反应。发布会后两天，奥巴马试图缓和局面，称"我本可以换个方式说那些话"，并邀请克劳利和盖茨一起在白宫喝啤酒。这是一个象征性的姿态，对愤愤不平的两方都表达了尊重，最终在这一棘手局面面前做了让步。这件事不仅使他意识到了讨论种族问题存在风险——即使是像警察骚扰少数族裔嫌犯这样证据确凿的事情——也让他明白了白宫作为天字第一号讲坛所具有的局限性。这让我们看到，奥巴马对黑人追求卓越的劝诫远没有他对警察不当行为的批评来得更有争议。[44]

然而，总统的权力远远超过教育和劝诫。从历史上看，最重要的民权进步并非来自劝诫，而是因为政府动用了自己的权威——扩大民权立法，通过诉讼扩大民权法的适用范围，以及更重要的是利用监管权和执法权来削弱歧视。例如，从20世纪60年代中期开始，《民权法案》第七章在联邦层面上的执行，为非洲裔美国人和其他少数族裔在曾经排斥他们的工作场所中开辟了大量的工作机会。同样，1965年《投票权法案》在联邦层面上的执行，在消除歧视性选举和增加黑人民选官员数量方面发挥了重要作用，尤其是在南方。相反，在强效执法权缺位的情况下——如《民权法案》第八章，即1968年禁止住房歧视的法律——种族隔离的局面几乎没有什么改变。单靠白宫的天字第一号讲坛，从来就不足以改变体制。正是法律的强制力使非洲裔美国人在美国社会中的地位发生了明显的变化。[45]

这一教训在乔治·布什政府时期尤为明显，当时司法部系统地撤掉了民权执法工作的资源，将许多民权律师边缘化，并违反公务员制度规定，雇用缺乏经验但直言不讳的保守派职业律师。2003年至2007年，共有236名职业民权律师离开司法部（工作人员总计约350人），其中许多人是因为司法部日益政治化的氛围而被迫离开。此外，布什时期的司法部几乎停止了住房和就业案件的诉讼服务，将精力从少数族裔投票权案件转移到指控选民舞弊上，为民权案件的诉讼提供了较少的支持和帮助。[46]

作为一名民权律师和宪法学学者，奥巴马深知联邦层面的民权法执行在消除歧视方面是多么有效，并清楚地看到不作为的代价。在霍华德大学的一次演讲中，就在宣布自己即将竞选总统后，奥巴马毫不留情地批评了"司法部，其对侵犯民权行为的态度是试图在我们的学院和大学中削弱肯定性行动项目；其起诉侵犯投票权行为的想法是在黑人和拉丁裔的社区中寻找不存在的投票舞弊行为"。在霍华德大学，以及在他的竞选纲领中，奥巴马承诺，他将为司法部的民权司配备人力，雇用"民权律师，起诉侵犯民权行为、就业歧视行为和仇恨犯罪。而且，我们还会有一个投票权科，实际上是捍卫每一个美国人不被欺骗和恐吓而可以自由投票的权利"。作为总统，奥巴马低调但积极地坚守了他的承诺。在他的司法部长埃里克·霍尔德（Eric Holder）的领导下，司法部开始加大民权法的执法力度（尽管其努力受到共和党参议员的阻碍，他们利用参议院规则搁置了他提名主管民权的司法部副部长的审议听证会）。即使没有奥巴马提名的民权司负责人，司法部仍将其注意力转向了"有重大影响"的歧视案件。司法部在纽黑文消防员案中提交了支持肯定性行动的案情摘要（被最高法院驳回），为在投票权法执行中保留预先检查条款辩护（即要求有歧视历史的地区，在投票安排有变化时必须得到司法部的批准），并支持了一起诉讼案件（在纽约联邦法院胜诉），该案其中一方要求纽约韦斯特切斯特县的社区建设可负担的住房，为居住在工作机会更丰富的郊区的少数族裔提供更多住房选择。虽然中间派希望奥巴马能在"认为我们自20世纪60年代以来在种族问题上进展甚微的自由派种族主义者"和"坚持认为反歧视法已无必要"的保守派之间找到"第三条道路"，奥巴马政府的司法部一直反对将民权法的关注焦点从"差别影响"缩小为"歧视意图"，而且一直呼吁严格执行现有法律。[47]

奥巴马明确表示，反歧视立法只是他处理种族不平等问题所做努力的其中一部分——而且也不是最重要的。至关重要的问题，尤其是在经济大衰退中，是失业和就业不足。但是，政府的失业救济工作远远落后于金融机构救助计划。结果，在股市反弹、主要投资银行公布盈利的同时，失业率却上升了。到2009 年 11 月，美国的失业率已经达到两位数。非洲裔美国人和拉丁裔美国人不成比例地承担了失业的重负：几乎有 16% 的黑人和 13% 的拉丁裔美国人没有工作，白人的这个数字是 9.5%。年轻黑人受到经济衰退的影响最大：全美 18 岁至 24 岁的黑人青年中，30.5% 的人处于失业状态。奥巴马经济刺激计划中创造就业的部分，如果威尔逊是对的，应该会让少数族裔不成比例地受益，但结果充其量也是好坏参半。经济刺激计划优先考虑"马上能开工"的建设项目——援助一个由男性占主导地位的经济部门，而且，尽管有过去几十年民权运动和肯定性行动的努力，该产业部门仍然有高得不成比例的白人。在受影响最严重的城市，联邦就业支出的影响几乎看不到。奥巴马当选一年后，由老牌的全国有色人种促进会和拉美裔全美委员会（National Council of La Raza）共同领导的民权和劳工团体联盟，要求奥巴马政府加大创造就业的力度。民权领袖韦德·亨德森（Wade Henderson）论称："毫无疑问，对我们来说，这是当下的民权问题。除非我们去解决全国性的就业危机，否则我们将很难解决所有其他的优先事项。"[48]

虽然奥巴马政府并未优先考虑创造就业机会，但政府其中一个特色项目——医保改革——可能会对劳动力市场产生重要影响，对非洲裔美国人来说更是如此，自20世纪60年代以来，与健康相关的职位急剧扩张，非洲裔美国人（以及越来越多的拉丁裔美国人）受益良多。日益增长的科学和药物研究投资，将惠及城市的教学医院，这些医院会为少数族裔的工人和专业人士提供广泛的工作，从门卫到办事员，从助手到护士和医生，等等。更重要的是，医疗保险改革有望对医疗部门的就业产生促进作用，特别是在大城市的医院，因为大城市医院过去一直服务的是没有医疗保险的患者。[49]

在所有造成种族不平等的原因中，最刺激奥巴马的就是教育。在费城演讲中，奥巴马强有力地就公立教育中的种族隔离重申了一个现在不太流行的观点。"实行隔离政策的学校不管在过去还是现在，都是较差的学校；即使布朗诉教育委员会案已经过去了50年，可我们到现在还没有处理它们，而这些学校在当时和现在所提供的劣质教育，很好地解释了今天黑人和白人学生之间普遍的成绩差距。"但是，实践中，奥巴马的教育政策不再强调取消种族隔离。说到学校教育，奥巴马重复了他反贫困计划的要旨，讲的还是"自律"和"努力工作"这样的陈词滥调。[50]

然而，尽管奥巴马在修辞上认可布朗案，他的教育政策将种族隔离学校的持续存在视为理所当然，即使有证据表明，学校的种族和社会经济多样性与更好的教育成果密切相关。支持取消种族隔离的政策在政治上不受欢迎：许多非洲裔美国人已经接受了种族隔离，只要他们的学校获得的资金水平与白人占多数的学校相当就行。而且，大多数白人都认为学校的种族隔离是市场选择的自然结果，而对即使是自愿废止学校种族隔离的计划，最好的态度也就是保持冷漠，最坏的态度就是积极反对了。结果，奥巴马政府扩大了对公立教育的联邦资助，同时，既没有强制要求废止学校的种族隔离，也没有提供相应的激励措施。《美国复苏与再投资法案》(American Recovery and Reinvestment Act，奥巴马政府的一揽子刺激计划）为消除成绩差距的学校拨出了 6.5 亿美元的创新基金。但为了达到上述目的，美国教育部呼吁扩张特许公立学校，并倡导诸如哈勒姆儿童学区（Harlem Children's Zone）这样的项目，这些项目针对弱势社区的学生，提供了学前班和强化班计划。尚不清楚哪种方式是有效的。迄今为止，数据表明，特许公立学校在教育提升方面并没有什么效果。虽然哈勒姆儿童学区计划之类的项目已经在学前教育中展示出了真实的增益，但对初高中阶段的学生来说就没那么有效了。而且，这两项举措都强化了教育种族隔离的局面，并没有为已经证明能够改善教育成果的支持取消种族隔离的教育项目提供资源和资助。[51]

长期以来，由于美国的教育地方主义，教育不平等和住房不平等的问题一直交织在一起。富裕社区长期受益于资金雄厚的学校；更加贫穷和实行种族隔离的社区一直苦恼于二流的教育。奥巴马政府在城市和大都市的举措迄今为止都受到了限制——特别是其减轻掠夺性贷款影响、扩张建设可负担的住房，以及开放长期以来实行种族隔离的城郊住房市场等计划——但这些举措都有解决结构性不平等的潜力。自20世纪70年代吉米·卡特创建那个短命且最终不幸失败的城市政策研究小组以来，白宫就将城市及其都市区域放在了国家议程的中心位置，最显著的标志是成立了白宫城市事务办公室。奥巴马发誓要制定一项全面的城市政策，承诺要借此扭转过去 30 年的发展历程，在这 30 年中，在总统的优先事项清单上，城市及其最贫困的居民几乎排在了最后。布什在第一个任期内通过企业振兴区（后来克林顿稍事修改并重新命名为赋能区）项目，推行了基于地方的投资政策。但两个项目都没有获得充足的资金；在阻止城市投资减少方面，两者的作用都微乎其微。相比之下，奥巴马政府的一揽子刺激计划拨款，针对的是城市和大都市的基础设施项目。而且，政府对丧失了抵押品赎回权的房主的援助，也将惠及城市居民——尽管城市中心地带的少数族裔社区依然被掠夺性借贷和高息抵押贷款困扰。[52]

奥巴马政府已经承诺改善前任政府的城市政策，但尚未取得实质性进展。甚至像第六希望计划（Hope VI）这样最具创新性的项目，都是以一种相当零散的方式实施的。联邦政府努力用市场价住房和混合收入住房的公私合作开发项目取代为低收入者建立的公共住房——这是自克林顿时代以来尤为重要的政策——这一做法没有满足巨大的经济适用房需求，经常使得低收入住房居民流离失所，特别是在房价昂贵的大都市地区。处理这一混乱局面并非易事。

它需要对住房政策进行干预，也就是说，要采取比我们迄今所见的更积极的计划，按种族和阶层开放大都市的住房市场。它需要协作，包括跨越城市边界的财政收入共享。它需要打破将各个城市分隔开来的非常高的政府壁垒。区域主义虽然不是短期解决空间不平等问题的方法，但它是必要的第一步。奥巴马有关无边界社区的言论——他呼吁人们跳出狭隘的身份政治和自身利益的界限思考问题——对我们有界社区的一些最有害的表现形式提出了挑战。在政策和言辞上，奥巴马的新政府能够挑战"我们与他们"或"城市与郊区"这样的二元观念，而正是这些观念强化了美国的种族、教育、以及经济地位上的不平等。

—— ◆ ——

不管奥巴马的反贫困计划、民权计划、教育和住房举措会产生什么影响，很明显，这些计划都不是他优先考虑的。那些认为第一位非洲裔美国总统将冒着政治争议的风险，在种族平等问题上大踏步前进的人，或许最好听听奥巴马自己说的话。在 2007

年霍华德大学毕业典礼上，他发表了一篇几乎被人忽视的演讲，奥巴马对美国种族和社会变化的历史做了最敏锐的解读。这是一个提醒，让我们认识到将变革的希望寄托在一位总统身上是错误的；这次演讲也是他自己对作为社区组织者的遥远过去的一次回顾：

> 但事实是，一个人无法促成一场运动。没有任何一项法律能够消除将绞索挂在树上的孩子心中的偏见；或者是冷酷无情的检察官为了报复而逃避正义的举动。任何一位领导人，无论他多么睿智或经验多么丰富，都无法阻止青少年在城市街头厮杀；也无法使我们的社区摆脱绝望；也无法使每个公民获得机会和平等的承诺变成现实。

从过去到未来的道路很少是线性的。解放和重建取得的成果，因为非洲裔美国人重新沦为奴隶而一笔勾销。人们说一百年前美洲原住民濒临灭绝，但在过去的三分之一个世纪里，声称自己是美洲印第安人后裔的美国人的数量急剧增加，于是这一说法也失去了影响力。从 20 世纪初的本土主义者的恐惧到"新政"的普遍主义，再到20世纪70年代种族问题的复兴，以及今天关于移民和公民身份的两极化辩论，种族问题在政治上产生的共鸣也时强时弱。看似巨大的成果往往是短暂的，而看似缓慢的、渐进的变化，随着时间的推移，往往会被证明是具有重大意义的。考虑到这段历史，奥巴马当选美国第四十四任总统的影响是不可预知的。而且，美国种族和不平等的未来也一点不明朗。

然而，可以明确的是，每当历史的弧线向正义倾斜时，这种发展都是基层行动派和政治领导之间协同作用的结果。民权的历史清楚地说明了这一点：迫于"向华盛顿进军"运动，罗斯福政府果断在国防工业中实施了第一个反歧视措施（公平就业实践委员会，Fair Employment Practices Committee）；民权活动人士认为，尽管肯尼迪在民权问题上表现平平，也不愿疏远民主党强大的南方派系，但肯尼迪政府很容易就接受了民权活动人士的诉求。系统性压力——在1963年夏天全国范围内的游行和破坏浪潮中达到顶峰——迫使肯尼迪开始起草民权立法。重要的是，这两届政府都愿意承受压力。重要的是，基层活动人士和民权组织与白宫合作，并从外部向其施加压力。

奥巴马代表了 21 世纪初美国社会的种族悖论：他体现了转型期种族身份的流动性和机会性。他还反映了这一种族秩序中充斥着的各种模棱两可之处，一方面拒斥种族主义，另一方面又充斥着种族不平等；其颂扬的进步并非总是值得庆祝的。奥巴马的思想中包含相互矛盾的立场，立场之间充满张力。他还将一种开放的态度带到谈判桌上，以努力解决种族和权利的历史问题，以及一位不愿争论的民选官员所受到的限制。他对历史的认识和这种认识带来的负担对我们其余人来说既是挑战也是机会。最终，美国在后奥巴马时期到底是会出现种族的进步、停滞或倒退，这在一定程度上取决于总统的政策，但那些政策则取决于美国人自己。

致谢

　　我非常感谢普林斯顿大学谢尔比·库洛姆·戴维斯历史研究中心主任 Dan Rodgers 和普林斯顿大学出版社的总编 Brigitta van Rheinberg 邀请我将2009 年在劳伦斯·斯通历史学讲座上的内容出版成书。我在普林斯顿的听众特别踊跃。我想特别提及Tom Bender、Dirk Hartog、Tera Hunter 和 JulianZelizer，他们提出了敏锐的问题并给出了犀利的评论。我还没有见到 Paul Harvey 并当面感谢他，但正是他对我在 2008 年 11 月选举周期间发表在《书籍与文化》(*Books and Culture*) 上的《自由的甜蜜之地》(*Sweet Land of Liberty*) 一书的书评，让我产生要写作本书的想法。我在 2009 年春季民权史研讨会上向研究生们提出了关于奥巴马与黑人自由斗争关系的想法，他们又提出了更多的想法。我向 Adam Goodman、Che Gossett、Rachel Guberman、Julia Gunn、Danielle Holtz、Erika Kitzmiller、Linda Maldonado、Peter Pihos、Sarah Rodriguez 和 Jeffrey Silver 致敬。我很幸运，在我的生活中，有很多伟大的谈话者，包括几个朋友、同事和朋友。

包括一些朋友、同事和学生，他们可能根本不知道他们是我想法的传声筒，但他们对我帮助很大，包括 Merlin Chowkwanyun、Andrew Diamond、Greg Goldman、Sally Gordon、Brittany Griebling、SteveHahn、Clem Harris、Liz Hersh、David Hollinger、Kevin Kruse、Lisa Levenstein、Pap Ndiaye、N. R. Popkin、Julia Rabig、Caroline Rolland-Diamond、Paul Schor、Bryant Simon、Peter Siskind、Jason Sokol、Heather Thompson 和 Jean-Christian Vinel。Dan Amsterdam 率领一群效率极高的朋友，帮助我找到一本刊物。Gary Gerstle、Michael Katz，以及两位匿名的普林斯顿大学的审稿人阅读了整个草稿，并给了我宝贵的评论。还有 Lauren Lepow 提供了专业的编校。我的妻子

Dana Barron 和我的孩子 Anna 和 Jack 容忍了我疯狂的旅行日程，并仍然给我时间，支持我的写作，给我爱来维持我的生活。

我把这本书献给 Michael B. Katz，他对严格的、参与性的学术研究的承诺长期激励着我的工作。我珍惜他的友谊。

2009 年 12 月

芒特艾里，费城

注释

引言

1 David A Hollinger, "Obama, the Instability of Color Lines, and the Promise of a Postethnic Future," *Callaloo* 31 (2008): 1033–37; 关于奥巴马和种族主义的细致讨论，参见 John L. Jackson, Jr., "The Rising Stakes of Obamaphobia," *Chronicle of Higher Education*, online edition, August 13, 2009, http://chronicle.com/blogPost/The-Rising-Stakes-of/7668/; Eduardo Bonilla-Silva, "Are the Americas 'Sick with Racism' or Is It a Problem at the Poles?" *Ethnic and Racial Studies* 32 (2009): 1071–82; see, generally, "The Social Significance of Barack Obama: An Online Exchange," American Sociological Associa- tion, ContextsBlog, http://contexts.org/obama/。

2 Richard Thompson Ford, *The Race Card: How Bluffing about Bias Makes Race Relations Worse* (New York: Farrar, Straus, and Giroux, 2008).

第一章

"这是我的故事"

1　我们尚不知道这首韵文诗最早出现于哪里。它的广泛传播要归功于 2008 年 10 月 28 日美国全国公共电台的一次节目，以及圣路易斯的一位求职教练 Ed Welch。根据 2009 年 3 月 13 日的谷歌搜索结果，这首诗出现了 46,700 次 。

2　Henry Louis Gates, Jr., introduction to Steven J. Niven, *Barack Obama: A Pocket Biography of Our 44th President* (New York: Oxford University Press, 2009), 2, 3.

3　Gallup Poll, "Americans See Obama Election as Race Relations Milestone," www.gallup.com/poll/111817/Americans-See-Obama-Election-Race-Relations-Milestone-aspx.

4　*Time*, November 17, 2008, 13.

5　"Black and White, North and South," *New York Observer*, November 26, 2009.

6　Quotation: "Terre de la discrimination et de la relégation, les Etats-Unis ont fait un grand pas vers la redemption" : Laurent Joffrin, "Yes, He Can," *Libération*, November 6, 2008. See also Pap Ndiaye, "A quand un Obama français?" *L'Express*, November 5, 2008; "'Égalite reelle' : Le manifeste 'oui nous pouvons' soutenu par Bruni-Sarkozy," *Le Nouvel Observateur*, November 12, 2008; "European Press Review: Welcome Barack Obama," *Deutsche Welle*, November 5, 2009. I ex- plore these issues in the Franco-American context in Thomas J. Sugrue, "Putting the Torch to Colorblindness: Race, Riots, and the Limits of Universalism in France and the United States" (paper presented at Université Charles-de-Gaulle–Lille III, June 19, 2009).

7　Barack Obama, "Selma Voting Rights March Commemoration,"

Selma, Alabama, March 4, 2007, http://www.barackobama. com/2007/03/04/selma_voting_rights_march_comm.php.

8 For variations on this theme, see Matt Bai, "Is Obama the End of Black Politics?" *New York Times Magazine,* August 10, 2009; David Remnick, "The Joshua Generation: Race and the Campaign of Barack Obama," *New Yorker*, November 17, 2008; Gwen Ifill, *The Break- through: Politics and Race in the Age of Obama* (New York: Doubleday, 2009).

9 David Farber and Beth Bailey, *The First Strange Place: Race and Sex in World War II Hawaii* (New York: Free Press, 1992), is an indispensable account of Hawaii's place in the modern American imagination.

10 For Obama's description of Hawaii, see Barack Obama, *Dreams from My Father: A Story of Race and Inheritance* (New York: Times Books, 1995), 23–25.

11 关于 20 世纪 70 年代的文化多元主义，可参见 Jonathan Zimmerman, *Whose America? Culture Wars in the Public Schools* (Cambridge, Mass.: Harvard University Press, 2002), 107–30; John David Skrentny, *The Minority Rights Revolution* (Cambridge, Mass.: Harvard University Press, 2002); and Matthew Frye Jacobson, *Roots Too: White Ethnic Revival in Post–Civil Rights America* (Cambridge, Mass.: Harvard University Press, 2006)。

12 Obama, *Dreams from My Father*; see also Barack Obama, *The Audacity of Hope* (New York: Vintage Books, 2008), 36–37: David Mendell, *Obama from Promise to Power* (New York: Harper, 2008), 34; "Son Finds Inspiration in the Dreams of His Father," *Hyde Park Herald*, August 23, 1995.

13 Mendell, *Obama*, 36; Frances Fitzgerald, *America Revised: History Schoolbooks in the Twentieth Century* (New York:

Random House, 1980); Joseph A. Rodriguez and Vicki Ruiz, "At Loose Ends: Twentieth-Century Latinos in Current United States History Textbooks," *Journal of American History* 86 (2000): 1689–99.

14 Stu Glauberman and Jerry Burns, *The Dream Begins: How Hawai'i Shaped Barack Obama* (Honolulu: Watermark Publishing, 2009).

15 Obama, *Dreams from My Father*, 85–86. W.E.B. Du Bois, *The Souls of Black Folks: Essays and Sketches* (Chicago: A. C. McClurg and Co., 1903), 3. 针对马尔科姆·埃克斯多种解读的优秀综述，参见 Joe Wood, ed., *Malcolm X: In Our Own Image* (New York: St. Martin's Press, 1992)。

16 Obama, *Dreams from My Father*, 76–77, 89–91, 139–40; on Davis, see Glauberman and Burns, *Dream Begins*, 110–24; and Kathryn Waddell Takara, "Frank Marshall Davis: Black Labor Activist and Outsider Journalist: Social Movements in Hawai'i," http://www2.hawaii.edu/~takara/frank_marshall_davis.htm; 迄今为止，有关黑人激进主义和黑人权力运动最有益的调查来自 Peniel Joseph, *Waiting' til the Midnight Hour: A Narrative History of Black Power* (New York: Henry Holt, 2007)。

17 Obama, *Dreams from My Father*, 120–22, 139–40. He misidentifies Ture as "Touré." "Obama's Account of New York Years Often Differs from What Others Say," *New York Times*, October 30, 2007.

18 Ryan Lizza, "The Agitator: Barack Obama's Unlikely Political Education," *New Republic*, March 19, 2007.

19 Chana Kai Lee, *For Freedom's Sake: The Life of Fannie Lou Hamer* (Urbana: University of Illinois Press, 1999); John Lewis with Michael D'Orso, *Walking with the Wind: A Memoir of the*

Civil Rights Movement (New York: Simon and Schuster, 1998); Thomas J. Sugrue, *Sweet Land of Liberty: The Forgotten Struggle for Civil Rights in the North* (New York: Random House, 2008), 306, 313–14.

20 Charles Payne, *I've Got the Light of Freedom: The Organizing Tradition and the Mississippi Freedom Struggle* (Berkeley and Los Angeles: University of California Press, 1995); Barbara Ransby, *Ella Baker and the Black Freedom Movement: A Radical Democratic Vision* (Chapel Hill: University of North Carolina Press, 2002); Eric Burner, *And Gently He Shall Lead Them: Robert Parris Moses and Civil Rights in Mississippi* (New York: New York University Press, 1994).

21 Barack Obama, "Problems and Promise in the Inner City," *Illinois Issues* (1988), reprinted in *After Alinsky* (Springfield: Illinois State University, 1990). Available at http://illinoisissues. uis.edu/ archives/2008/09/whyorg.html. This is an argument that many scholars of civil rights, myself among them, have made in recent years. See Sugrue, *Sweet Land of Liberty*.

22 William E. Nelson, Jr., and Philip J. Meranto, *Electing Black Mayors: Political Action in the Black Community* (Columbus: Ohio State University Press, 1977); David R. Colburn and Jeffrey S. Adler, eds., *African American Mayors: Race, Politics, and the American City* (Urbana: University of Illinois Press, 2001).

23 Jason Sokol, "The Color of American Political History" (paper delivered to the Penn Humanities Forum, March 2009). On Massachusetts's racial politics generally, see Jeanne Theoharis, "'We Saved the City' : Black Struggles against Educational Inequality in Boston, 1960–76," *Radical History Review* 81 (2001): 61–93; Ronald Formisano, *Boston against Busing: Race, Class*

and Ethnicity in the 1960s and 1970s (Chapel Hill: University of North Carolina Press, 1990); J. Anthony Lukas, *Common Ground: A Turbulent Decade in the Lives of Three American Families* (New York: Knopf, 1986); James Green, "In Search of Common Ground," *Radical America* 20, no. 5 (1987): 40–60; Sugrue, *Sweet Land of Liberty*, 386–88, 487–89.

24 Jeffrey Adler, "Introduction," in Colburn and Adler, *African American Mayors*, 1; Heather R. Parker, "Tom Bradley and the Politics of Race," in Colburn and Adler, *African American Mayors*, 153–77; Ra- phael Sonenschein, *Politics in Black and White: Race and Power in Los Angeles* (Princeton: Princeton University Press, 1993); John Bauman, "W. Wilson Goode: The Black Mayor as Urban Entrepreneur," *Journal of Negro History* 77 (1992): 141–58; Mary Summers and Philip A. Klinkner, "The Daniels Election in New Haven and the Failure of the Deracialization Hypothesis," *Urban Affairs Quarterly 27* (1991): 202–15.

25 Ruth Ann Strickland and Marcia Lynn Whicker, "Comparing the Wilder and Gantt Campaigns: A Model for Black Candidate Success in Statewide Elections," *PS: Political Science and Politics* 25, no.2 (June 1992): 204–12; Michael C. Dawson, *Behind the Mule: Race and Class in African American Politics* (Princeton: Princeton University Press, 1995), 184.

26 James Q. Wilson, *Negro Politics: The Search for Leadership* (Glencoe, Ill.: Free Press, 1960), 230–50. Arnold R. Hirsch, "The Cook County Democratic Machine and the Dilemma of Race, 1931–1987," in Richard M. Bernard, ed., *Snowbelt Cities: Metropolitan Politics in the Northeast and Midwest since World War II* (Bloomington: Indiana University Press, 1987), 63–90; William J.

甚至还未过去

Grimshaw, *Bitter Fruit: Black Politics and the Chicago Machine, 1931–1991* (Chicago: University of Chicago Press, 1992); and, more generally, James R. Grossman, *Land of Hope: Chicago, Black Southerners and the Great Migration* (Chicago: University of Chi- cago Press, 1989), and Nicholas Lemann, *The Promised Land: The Great Migration and How It Changed America* (New York: Knopf, 1991).

27 对华盛顿选举和任期的多样解读，参见 Paul Kleppner, *Chicago Divided: The Making of a Black Mayor* (DeKalb: Northern Illinois University Press, 1985); Gary Rivlin, *Fire on the Prairie: Chicago's Harold Washington and the Politics of Race* (New York: Henry Holt and Company, 1992); Arnold R. Hirsch, "Harold and Dutch: A Comparative Look at the First Black Mayors of Chicago and New Orleans," in Raymond A. Mohl, ed., *The Making of Urban America* (Wilmington, Del.: Scholarly Resources, 1997), 265–82; Mel- vin Holli and Paul M. Green, eds., *The Making of the Mayor, 1983 (Grand Rapids, Mich.: Eerdmans, 1984)*。

28 Obama, *Dreams from My Father*, 146–48.

29 有关华盛顿治下黑人雇佣率的统计数字，参见 Patrick Joyce, "A Reversal of Fortunes: Black Empowerment, Political Ma- chines, and City Jobs in New York and Chicago," *Urban Affairs Review* 32 (1997): 291–318; see also Barbara Ferman, *Challenging the Growth Machine: Neighborhood Politics in Chicago and Pittsburgh* (Lawrence: University Press of Kansas, 1996), 113–18.

30 Hirsch, "Harold and Dutch," 276。

31 Adolph Reed, *The Jesse Jackson Phenomenon* (New Haven: Yale University Press, 1986); Marshall Frady, *Jesse: The Life and Pilgrimage of Jesse Jackson* (New York: Random House, 1996).

32 "Jackson, Fans Reflect on Legacy of '84, '88 Bids," *Chicago*

Tribune, June 27, 2004. I have removed editorial brackets.

33 Obama, "Problems and Promise in the Inner City"; Ferman, *Challenging the Growth Machine*, 111–23; Larry Bennett, "Postwar Redevelopment in Chicago: The Declining Politics of Party and the Rise of Neighborhood Politics," in Gregory D. Squires, ed., *Unequal Partnerships: The Political Economy of Urban Redevelopment in Post-war America* (New Brunswick, N.J.: Rutgers University Press, 1989), 171–75.

34 引人注目的黑人城市政客获得了广泛的媒体关注，尤其是在 20 世纪 80 年代和 90 年代上半叶。具体例子，可参见 Jim Sleeper, *The Closest of Strangers: Liberalism and the Politics of Race in New York* (New York: W. W. Norton, 1990); Tamar Jacoby, *Someone Else's House: America's Unfinished Struggle for Integration* (New York: Random House, 2000)。

35 William Tucker, "The Mystery of Wappingers Falls," *New Republic*, March 21, 1988, 19–22; Andrew Sullivan, "The Two Faces of Bensonhurst," *New Republic*, July 2, 1990, 13–16; Jim Sleeper, "New York Stories," *New Republic*, September 10, 1990, 20–22; Jonathan Reider, *Canarsie: The Jews and Italians of Brooklyn against Liberalism* (Cambridge, Mass.: Harvard University Press, 1985); Lukas, *Common Ground*; Sleeper, *The Closest of Strangers*; Thomas Byrne Edsall and Mary D. Edsall, *Chain Reaction: The Impact of Race, Rights, and Taxes on American Politics* (New York: W. W. Norton, 1991).

36 在有关种族、自由主义政治和"文化战争"的最有影响力的叙述，其中大部分开始于 20 世纪八九十年代的新闻和政治项目，可参见 Todd Gitlin, *The Twilight of Common Dreams: Why America Is Wracked by Culture Wars* (New York: Metropolitan Books, 1995)。

37 The Thernstrom case was popularized by Dinesh D'Souza,

Illiberal Education: The Politics of Race and Sex (New York: Simon and Schuster, 1991); the fairest and most thorough account is Jon Wiener, *Historians in Trouble: Plagiarism, Fraud, and Politics in the Ivory Tower* (New York: The New Press, 2005), 58–70; Stephan Thernstrom, "McCarthyism Then and Now," *Academic Questions* 4, no. 1 (1990): 14–16.

38   Matthew S. Bromberg, "Harvard Law School's War over Faculty Diversity," *Journal of Blacks in Higher Education* 1 (Autumn 1993): 75–82, 提供了对事件的有益总结。"法学教育的贝鲁特"是由 David Trubek 提出的，他是一位批判法学理论学者，于 1987 年拒绝被授予终身教职，就在奥巴马到哈佛大学前不久。参见 "Harvard Tenure Battle Puts Critical Legal Studies on Trial," *New York Times*, August 30, 1987. 为了全面披露，我指出，我当时也是哈佛大学的一名学生，是斯蒂芬·特恩斯特伦富有争议课程的助教，而且我认识许多法学院的学生，其中包括《哈佛法律评论》和联邦主义协会的成员，尽管在我的记忆中，我当时并没有见到奥巴马。

39   "First Black Elected to Head Harvard Law Review," *New York Times*, February 6, 1990; "Barack Obama's Law Personality," *Los Angeles Times*, March 19, 1990; "In Law School, Obama Found Political Voice," *New York Times*, January 28, 2007; "At Harvard Law, a Unifying Voice," *Boston Globe*, January 28, 2007; "Review President Explains Affirmative Action Policy," *Harvard Law Record*, November 16, 1990, reprinted in "Record Retrospective: Obama on Affirmative Action," *Harvard Law Record*, October 30, 2008.

40   Obama, *Dreams from My Father*, 134.

41   Mendell, *Obama*, 73; Taylor Branch, *Parting the Waters: America in the King Years, 1954–63* (New York: Simon and Schuster,

1988).

42　"New African-American Leaders Are Emerging," *Chicago Sun-Times*, September 1, 1999; "Race Shifts Seen in Remap Efforts—Leaders Struggle to Retain Wards," *Chicago Tribune*, October 14, 2001. 20 世纪 80 年代末和 90 年代,有一场关于少数族裔投票权的激烈辩论。这一时期出版的关键图书包括 Abigail Thernstrom, *Whose Votes Count? Affirmative Action and Minority Voting Rights* (Cambridge, Mass.: Harvard University Press, 1987), and Bernard Grofman and Chandler Davison, eds., *Controversies in Minority Voting: The Voting Rights Act in Perspective* (Washington, D.C.: The Brookings Institution, 1992)。

43　Obama, *Dreams from My Father*, 139–40, 200, 203.

44　"Hyde Parker Announces Run for State Senate Seat," *Hyde Park Herald*, October 4, 1995; "Petition Challenges Shape Political Ballot," Hyde Park Herald, January 10, 1996; political scientist Adolph Reed, Jr., a Palmer supporter and longtime Obama critic, denounced the effort to disqualify Palmer as "vicious and underhanded." See "Lo- cal Independent Voters Still Divided," *Hyde Park Herald*, January 31, 1996.

45　Barack Obama, "Getting the Lead Out of Our Children," *Hyde Park Herald*, March 25, 1998; Barack Obama, "Education Most Impor- tant Town Hall Issue," *Hyde Park Herald*, April 29, 1998; "State Taxes Block Road off Welfare," *Chicago Tribune*, April 10, 1999; "'Racial Profiling' Target of Bill," *Chicago Tribune*, December 7, 1999; "New Law Extends Life of Economic Enterprise Zones," *Chicago Tribune*, January 12, 2001; "City, State Remap Bickering Dominates Year," *Hyde Park Herald*, December 26, 2001; "Obama Begins Raising Funds for U.S. Senate Bid," *Hyde Park Herald*, July 10, 2002; "Fight Racial

Profil- ing at Local Level, Lawmaker Says," *Chicago Tribune*, June 29, 2003; "Big Dollars Boost Obama's Chances as Primary Looms," *Hyde Park Herald*, February 18, 2004.

46 拉什值得写一本完整的传记。关于芝加哥黑豹党的背景，参见 Jon Rice, "The World of the Illinois Panthers," in Jeanne Theoharis and Komozi Woodard, *Freedom North* (New York: Palgrave, 2003); 关于其议员职业生涯，参见 "Is Bobby Rush in Trouble?" *Chicago Reader*, March 2000. "Soul Survivor: Bobby Rush," *Chicago Tribune*, November 16, 2003; Mendell, *Obama*, 128–39 是拉什与奥巴马 2000 年国会竞争的最好叙述。

47 关于这些议题的学术研究可谓汗牛充栋。其中最好的一些包括 Clarence Stone, *The Politics of Urban Development* (Lawrence: University Press of Kansas, 1987); Richard Keiser, *Subordination or Empowerment? African American Leadership and the Struggle for Urban Political Power* (New York: Oxford University Press, 1997); Adolph Reed, Jr., *Stirrings in the Jug: Black Politics in the Post Segregation Era* (Minneapolis: University of Minnesota Press, 1999), esp. chaps. 3–5。

48 "Rich 90s Failed to Lift All: Income Disparity between Races Widened Greatly, Census Analysis Shows," *Chicago Tribune*, August 20, 2002; Larry Bennett, Janet L. Smith, and Patricia A. Wright, eds., *Where Are Poor People to Live? Transforming Public Housing Communities* (Armonk, N.Y.: M. E. Sharpe, 2006); Paul Louis Street, *Racial Oppression in the Global Metropolis: A Living Black Chicago History* (Lanham, Md.: Rowman and Littlefield, 2007).

49 "Poor Live Housing Nightmare While Investors Reap Benefits—$150 Million from U.S. Fails to Fix Lawndale Apartments," *Chicago Tribune*, November 21, 2004; "Rezko Owns Vacant

Lot Next to Obama's Home," *Chicago Tribune*, November 1, 2006; "Soft-Spoken, Low-Key Casino Magnate—The Developer Has Been Called 'Chicago's Answer to Trump,'" *Philadelphia Inquirer*, October 27, 2006.

50 "Barack and Michelle Obama Begin Their Storied Journey," *Savoy*, February 2005, 60.

51 Quoted in Richard Wolffe and Darren Briscoe, "Across the Divide: Barack Obama's Road to Racial Reconstruction," *Newsweek*, July 16, 2007, 22–23.

52 Barack Obama, "A More Perfect Union" (speech delivered at the National Constitution Center, Philadelphia, March 18, 2008), http:// my.barackobama.com/page/content/hisownwords.

53 Sam Wineburg and Chauncey Monte-Sano, "'Famous Americans': The Changing Pantheon of American Heroes," *Journal of American History* 94 (2008): 1186–1202.

54 Thomas F. Jackson, *From Civil Rights to Human Rights: Martin Luther King, Jr., and the Struggle for Economic Justice* (Philadelphia: University of Pennsylvania Press, 2008); Michael Eric Dyson, *I May Not Get There with You: The True Martin Luther King, Jr.* (New York: Free Press, 2001); Michael Honey, *Going Down Jericho Road: The Memphis Strike, Martin Luther King Jr.'s Last Campaign* (New York: W. W. Norton, 2007).

55 有关赖特对金的阐释，其强调了金对越南战争的反对、对资本主义的批判，还有他的劳工政治，参见 Jeremiah A. Wright, Jr., "Another Year, Another Chance," *Philadelphia Tribune*, January 7, 2007, and "Facing the Rising Sun," *Philadelphia Tribune*, April 22, 2007。

56 关于这些主题，我的想法受到 Rogers Smith, *Civic Ideals: Conflicting Visions of Citizenship in U.S. History* (New Haven:

甚至还未过去

Yale University Press, 1997) 的影响。

57 *Chicago Defender*, January 15, 2000.

58 "Democratic Candidate Says Fitzgerald 'Betrayed' State," *Spring- field Daily Herald*, January 22, 2003.

59 "Delegates Wowed by Speakers," *Emporia Gazette*, July 28, 2004.

60 "Obama's Drama and Our Dreams," *Chicago Tribune*, August 1, 2004: "At Last a Political Race Where Race Matters Less," *Financial Times*, August 16, 2004.

61 "Obama's Drama and Our Dreams."

62 "Obama Revives MLK's Dream," *Denver Post*, August 1, 2004.

63 David A. Hollinger, *Cosmopolitanism and Solidarity* (Madison: University of Wisconsin Press, 2005), 62; Lee Raiford and Renee C. Romano, *The Civil Rights Movement in American Memory* (Athens: University of Georgia Press, 2006), xvii. 关于历史的政治用途的两种截然不同的、具有挑衅性的思考来自 Richard Neustadt and Ernest R. May, *Thinking in Time: The Uses of History for Decision Makers* (New York: Free Press, 1986), and Margaret MacMillan, *Dan- gerous Games: The Uses and Abuses of History* (New York: Modern Library, 2009)。

第二章
真正的弱势群体

1 Ken Auletta, *The Underclass* (New York: Random House, 1982); Nicholas Lemann, "The Origins of the Underclass," *Atlantic* 257 (June 1986); Michael B. Katz, "The 'Underclass' as a Metaphor of Social Transformation," in Katz, ed., *The "Underclass" Debate: Views from History* (Princeton: Princeton University Press, 1993),

3–23; Herbert Gans, *The War against the Poor* (New York: Basic Books, 1995); Adolph Reed, "The Underclass as Myth and Symbol," *Radical America* 24 (1992): 21–40.

2　Obama, *Dreams from My Father*, 20–21.

3　关于 1984 年黑人的投票率，参见 National Research Council, *A Common Destiny: Blacks and American Society* (Washington, D.C.: National Academy Press, 1989), 235–37。

4　本段和下一段材料引自 Arnold R. Hirsch, *Making the Second Ghetto: Race and Housing in Chicago, 1940–1960* (New York: Cambridge University Press, 1983); Amanda Seligman, *Block by Block: Neighborhoods and Public Policy on Chicago's West Side* (Chicago: University of Chicago Press, 2005); Beryl Satter, *Family Properties: Race, Real Estate, and the Exploitation of Black Urban America* (New York: Metropolitan Books, 2009)。

5　Liza Mundy, *Michelle: A Biography* (New York: Simon and Schuster, 2008) 是迄今为止对米歇尔生活最好的综述。关于民权组织在为非洲裔美国人开放工作机会方面发挥的作用，参见 Arvarh E. Strickland, *History of the Chicago Urban League* (Urbana: University of Illinois Press, 1966); Peter J. Eisinger, "Affirmative Action in Municipal Employment: The Impact of Black Political Power," *American Political Science Review* 76 (1982): 380–92; Eisinger, "The Economic Conditions of Black Employment in Municipal Bureaucracies," *American Journal of Political Science* 26 (1982): 754–71; Michael B. Katz and Mark J. Stern, *One Nation Divis- ible: What America Was and What It Is Becoming* (New York: Russell Sage Foundation, 2005), 91–93。关于肯定性行动的总体论述，参见 John David Skrentny, *The Ironies of Affirmative Action* (Chicago: University of Chicago Press, 1996), and Nancy MacLean, *Freedom Is Not Enough: The*

Opening of the American Workplace (Cambridge, Mass.: Harvard University Press, 2007)。

6　芝加哥公共教育不可或缺的研究出自 Kathryn M. Neckerman, *Schools Betrayed: Roots of Failure in Inner-City Education* (Chicago: University of Chicago Press, 2007)。1968 年到 2000 年芝加哥公立学校的相关数据，参见 Brown University Initiative on Spatial Structures in the Social Sciences, American Communities Project, "The State of Public School Desegregation," http://www.s4.brown.edu/schoolsegregation/desegregationdata.htm。

7　Adam Green, *Selling the Race: Culture, Community, and Black Chicago, 1940–1955* (Chicago: University of Chicago Press, 2006); David Grazian, *Blue Chicago* (Chicago: University of Chicago Press, 2003); Troy Duster, "Postindustrialism and Youth Employment: African Americans as Harbingers," in Katherine McFate, Roger Lawson, and William Julius Wilson, eds., *Poverty, Inequality, and the Future of Social Policy: Western States in the New World Order* (New York: Russell Sage Foundation, 1995), 466–73.

8　Fred C. Harris, *Something Within: Religion in African American Political Activism* (New York: Oxford University Press, 2001); Mary Pattilo-McCoy, "Church Culture as a Strategy of Action in the Black Community," *American Sociological Review* 63 (1998): 767–84.

9　Rick Halpern, *Down on the Killing Floor: Black and White Workers in Chicago's Packinghouses, 1904–1954* (Urbana: University of Illinois Press, 1997); Roger Horowitz; *"Negro and White, Unite and Fight!": A Social History of Industrial Unionism in Meatpacking, 1930–90* (Urbana: University of Illinois Press, 1997); Bruce Nelson, *Divided We Stand: American Workers and the Struggle for*

Black Equality (Princeton: Princeton University Press, 2001).

10 Hirsch, *Making the Second Ghetto* 是权威历史。See also Arnold R. Hirsch, "Massive Resistance in the Urban North: Trumbull Park, Chicago, 1953–1966," *Journal of American History* 82 (1995): 522–50; Seligman, *Block by Block*; James R. Ralph, Jr., *Northern Pro- test: Martin Luther King, Jr., Chicago, and the Civil Rights Movement* (Cambridge, Mass.: Harvard University Press, 1993); Adam Cohen and Elizabeth Taylor, *American Pharaoh. Mayor Richard J. Daley: His Battle for Chicago and the Nation* (Boston: Houghton Mifflin, 2000); and Alan B. Anderson and George W. Pickering, *Confronting the Color Line: The Broken Promise of the Civil Rights Movement in Chicago* (Athens: University of Georgia Press, 1986); Sugrue, *Sweet Land of Liberty*, 228, 237–42, 415–20, 452–54; Michael B. Katz, "Chicago School Reform as History," *Teachers College Record* 94 (1992): 56–72.

11 Mark Santow, "Saul Alinsky and the Dilemmas of Race in the Postwar City" (Ph.D. diss., University of Pennsylvania, 2000); and San- ford Horwitt, *Let Them Call Me Rebel. Saul Alinksy: His Life and Legacy* (New York: Knopf, 1989).

12 Obama, *Dreams from My Father*, 149.

13 关于芝加哥的去工业化，可参见 David Bensman and Roberta Lynch, *Rusted Dreams: Hard Times in a Steel Community* (New York: McGraw Hill, 1987); Gregory Squires, *Chicago: Race, Class, and the Response to Urban Decline* (Philadelphia: Temple University Press, 1989); William Julius Wilson, *The Truly Dis- advantaged: The Inner City, the Underclass, and Public Policy* (Chicago: University of Chicago Press, 1987)。

14 "Obama's Mentor: Community Organizer Jerry Kellman Trained the Man Who Would Become President," *Illinois Issues*, March

甚至还未过去

2009. Mendell, *Obama*, 64–79; Lizza, "The Agitator"; "Service Changes People's Character," interview with Jerry Kellman, *Newsweek* online, September 5, 2008, http://www.newsweek.com/id/157424.

15 "What Makes Obama Run?" *Chicago Reader*, December 8, 1995.

16 Obama quoted in Moberg, "Obama's Community Roots."

17 "What Makes Obama Run?"

18 Sugrue, *Sweet Land of Liberty*, 356–448, 521–24; Obama, "Problems and Promise in the Inner City."

19 "Teaching Law, Testing Ideas, Obama Stood Slightly Apart," *New York Times*, July 30, 2008.

20 有关芝加哥大学在海德公园城市更新中发挥的作用，参见 Hirsch, *Making the Second Ghetto*, 135–70。

21 Craig Calhoun, ed., *Sociology in America: A History* (Chicago: University of Chicago Press, 2007), 14–16; Martin Bulmer, *The Chicago School of Sociology: Institutionalization, Diversity, and the Rise of Sociological Research* (Chicago: University of Chicago Press, 1984).

22 William Julius Wilson, *The Declining Significance of Race* (Chicago: University of Chicago Press, 1978)：关于 20 世纪 70 年代的政治，可参见 Bruce Schulman, *The Seventies: The Great Shift in American Culture, Society, and Politics* (New York: Free Press, 2001); and Bruce Schulman and Julian Zelizer, eds., *Rightward Bound: Making America Conservative in the 1970s* (Cambridge, Mass.: Harvard University Press, 2008)。

23 Stephen Steinberg, *Race Relations: A Critique* (Stanford, Calif.: Stanford University Press, 2007); and, generally, Alice M. O'Connor, *Poverty Knowledge: Social Science, Social Policy, and the Poor in Twentieth-Century U.S. History* (Princeton: Princeton

University Press, 2001).

24 Obama, *Dreams from My Father*, 283, 286.

25 Wilson, *Declining Significance*, esp. 56–62.

26 Obama, "Problems and Promise in the Inner City" .

27 Wilson, *The Truly Disadvantaged*; William Julius Wilson, "Public Policy Research and *The Truly Disadvantaged*," in Christopher Jencks and Paul Peterson, eds., *The Urban Underclass* (Washington, D.C.: The Brookings Institution, 1991), 460; for the full text of the Moynihan report and an overview of the debate that it generated, see Lee Rainwater and William L. Yancey, eds., *The Moynihan Report and the Politics of Controversy* (Cambridge, Mass.: MIT Press, 1967); for influential conservative views of poverty, see Charles Murray, *Losing Ground: American Social Policy, 1950–1980* (New York: Basic Books, 1984); Lawrence Mead, *The New Politics of Poverty: The Nonworking Poor in America* (New York: Basic Books, 1992); Thomas J. Sugrue, "The Impoverished Politics of Poverty," *Yale Journal of Law and the Humanities* 6 (1994): esp. 169–79. For a wide-ranging discussion of poverty politics in the twentieth century, see James T. Patterson, *America's Struggle against Poverty in the Twentieth Century* (Cambridge, Mass.: Harvard University Press, 2000).

28 Obama, "Problems and Promise in the Inner City" ; Michelle Boyd, "Reconstructing Bronzeville: Racial Nostalgia and Neighborhood Redevelopment," *Journal of Urban Affairs* 22 (2000): 107–22; "Head of Law Review Takes Aim at Other Traditions," *Philadelphia Tribune*, April 20, 1990. For Obama's views about neighborhood development in greater detail, see the interview with Barack Obama, "Hyde Park's Own Renaissance Man," *Hyde Park Herald*, July 7, 1999.

甚至还未过去

29 For alternatives, see Joe William Trotter, Jr., "Blacks in the Urban North: The 'Underclass Question,'" in Michael B. Katz, ed., *The "Underclass" Debate: Views from History* (Princeton: Princeton Univer- sity Press, 1993), 55–81; Thomas J. Sugrue, *The Origins of the Urban Crisis* (Princeton: Princeton University Press, 1996), chap. 6; Douglas S. Massey and Nancy A. Denton, *American Apartheid* (Cambridge, Mass.: Harvard University Press, 1993); Reynolds Farley, "Residential Segregation of Social and Economic Groups among Blacks, 1970–1980," in Jencks and Peterson, *The Urban Underclass*, 274–98; Mary Patillo, "Sweet Mothers and Gangbangers: Managing Crime in a Black Middle-Class Neighborhood," *Social Forces* 76 (1998): 751; Richard D. Alba, John R. Logan, and Paul E. Bellair, "Living with Crime: The Implications of Racial/Ethnic Differences in Suburban Location," *Social Forces* 73 (1994): 427; and Mary Pattillo-McCoy, *Black Picket Fences: Privilege and Peril among the Black Middle Class* (Chicago: University of Chicago Press, 2000). Wilson now acknowledges the precariousness of middle-class life in the inner city. See William Julius Wilson and Richard Taub, *There Goes the Neighborhood: Racial, Ethnic, and Class Tensions in Four Chicago Neighborhoods and Their Meaning for America* (New York: Knopf, 2006), esp. 128–60.

30 "What Makes Obama Run?" ; Obama, *Audacity of Hope*, 291–95, expresses his most Wilsonian understanding of public policy. Quota- tion from 293.

31 "A Town Meeting on Economic Insecurity," *New Ground* 45 (March–April 1996), http://www.chicagodsa.org/ngarchive/ng45.html.

32 Public Law 104-193, 22 Aug. 1996, 110 Stat. 2105; for

assessments, see Michael B. Katz, *The Price of Citizenship: Redefining the American Welfare State* (New York: Metropolitan Books, 2001); Sharon Hays, *Flat Broke with Children: Women in the Age of Welfare Reform* (New York: Oxford University Press, 2002); Jason DeParle, *American Dream: Three Women, Ten Kids, and a Nation's Drive to End Welfare* (New York: Viking, 2004); and Ellen Reese, *Backlash against Welfare Mothers: Past and Present* (Berkeley and Los Angeles: University of California Press, 2005). On its Republican origins, see "Personal Responsibility Act," in Ed Gillespie and Bob Schellhas, eds., *Contract with America* (New York: Times Books, 1994), 65–77; R. Kent Weaver, "Ending Welfare as We Know It," in Margaret Weir, ed., *The Social Divide: Political Parties and the Future of Activist Government* (Washington, D.C.: Brookings Institution, 1998), 361–416.

33 这方面的经典著作出自社会学家 Theda Skocpol, *Social Policy in the United States: Future Possibilities in Historical Perspective* (Princeton: Princeton University Press, 1995), 250–74。

34 Edsall and Edsall, *Chain Reaction; Sleeper, The Closest of Strangers*; Peter Brown, *Minority Party: Why the Democrats Face Defeat in 1992 and Beyond* (Washington, D.C.: Regnery Publishers, 1991); Mickey Kaus, *The End of Equality* (New York: Basic Books, 1992); Stanley Greenberg, *Middle-Class Dreams: The Politics and Power of the New American Majority* (New York: Random House, 1995); Michael Tomasky, *Left for Dead: The Life, Death, and Possible Resurrection of Progressive Politics* (New York: Free Press, 1996); Ronald Radosh, *Divided They Fell: The Demise of the Democratic Party, 1964–1996* (New York: Free Press, 1996). For critical analyses, see Philip A. Klinkner with

Rogers M. Smith, *The Unsteady March: The Rise and Decline of Racial Equality in America* (Chicago: University of Chicago Press, 1999), 303–5, 308–16; Adolph Reed, "Race and the Disruption of the New Deal Coalition," *Urban Affairs Quarterly* 27 (1991): 326–33; Felicia A. Kornbluh, "Why Gingrich? Welfare Rights and Racial Politics, 1965–1995," in Judith Jackson Fossett and Jeffrey A. Tucker, eds., *Race Consciousness: African-American Studies for the New Century* (New York: New York University Press, 1997), 193–207.

35 Kenneth S. Baer, *Reinventing Democrats: The Politics of Liberalism from Reagan to Clinton* (Lawrence: University Press of Kansas, 2000).

36 Wilson, *The Truly Disadvantaged*, 140–64; 威尔逊在后来的一本书中详细阐述了这一论点：*The Bridge over the Racial Divide: Rising Inequality and Coalition Politics* (Berkeley and Los Angeles: University of California Press, 1999)。

37 David T. Ellwood and Mary Jo Bane, *Welfare Realities: From Rhetoric to Reform* (Cambridge, Mass.: Harvard University Press, 1994)对塑造克林顿福利改革思想的自由主义社会科学提供了深刻的见解。

38 Interview (1996) quoted in "Teaching Law, Testing Ideas, Obama Stood Slightly Apart," *New York Times*, July 30, 2008; "Obama Pledges to Be Hardest Working Senator in Springfield," *Chicago Weekend*, January 16, 1997; Barack Obama, "Help Needed to Change Springfield," *Hyde Park Herald*, February 19, 1997; "State Taxes Block Road Off Welfare," *Chicago Tribune*, April 10, 1999; Obama, *Audacity of Hope*, 42–44, 213–14, 303–7 (quotation, 303).

39 For discussions of these issues, see Michael Dawson, *Black Visions: The Roots of Contemporary African-American Political*

Ideologies (Chicago: University of Chicago Press, 2001); Melissa Victoria Harris-Lacewell, *Barbershops, Bibles, and BET: Everyday Talk and Black Political Thought* (Princeton: Princeton University Press, 2004), esp. chaps. 2–3.

40   Mary Pattillo, *Black on the Block: The Politics of Race and Class in the City* (Chicago: University of Chicago Press, 2007); Evelyn Brooks Higginbotham, *Righteous Discontent: The Women's Movement in the Black Baptist Church, 1880–1920* (Cambridge, Mass.: Harvard University Press, 1993); Kevin K. Gaines, *Uplifting the Race: Black Leadership, Politics, and Culture in the Twentieth Century* (Chapel Hill: University of North Carolina Press, 1996).

41   Jeremiah A. Wright, Jr., "Doing Black Theology in the Black Church," in Linda E. Thomas, ed., *Living Stones in the Household of God: The Legacy and Future of Black Theology* (Minneapolis, Minn.: Fortress Press, 2004) , 13–23, offers a detailed description of his church's ministries. For other accounts of Wright's ministry and sermons, see "Ministers Reflect on Role Black Church Has Played in America," *Chicago Weekend*, February 16, 1997; "Black Churches Must Fight AIDS," *Los Angeles Sentinel*, December 3, 1998; Jeremiah Wright, Jr., "A Luta Continua," *Philadelphia Tribune*, December 3, 2006; Emily Udell, "Keeping the Faith," *In These Times*, February 28, 2005; "Rev. Jeremiah Wright's Words," *Chicago Tribune*, March 26, 2008.

42   "Youth Get Paid for Academic Excellence," *Philadelphia Tribune*, June 14, 1994.

43   "Empowering the African American Male," *Michigan Citizen*, March 11, 1995; Wright, "Doing Black Theology," 20.

44   Obama, "A More Perfect Union." On black religion and politics,

甚至还未过去

see Barbara Dianne Savage, *Your Spirits Walk beside Us: The Politics of Black Religion* (Cambridge, Mass.: Harvard University Press, 2008).

45 "Barack and Michelle Obama Begin Their Storied Journey," 60.

46 Obama, "Selma Voting Rights March Commemoration"; "Remarks of Senator Barack Obama: The Great Need of the Hour," Atlanta, Georgia, January 20, 2008, http://www. barackobama.com/2008/01/20/ remarks_of_senator_barack_obam_40.php; "Remarks of Senator Ba- rack Obama: Apostolic Church of God," June 15, 2008, http://www. barackobama. com/2008/06/15/remarks_of_senator_barack_obam_78.php; "Remarks by the President to the NAACP Centennial Convention," July 16, 2009, http://www.whitehouse.gov/the_press_office/ Remarks-by-the-President-to-the-NAACP-Centennial-Convention-07/16/2009/.

47 "Remarks of Senator Barack Obama: Apostolic Church of God"; "Soul Survivor: Bobby Rush," *Chicago Tribune*, November 16, 2003; Bill Cosby and Alvin Poussaint, *Come on People* (Chicago: William Nelson, 2007), 2, 3, 221; see also Michael Eric Dyson, *Is Bill Cosby Right?* (New York: Perseus Books, 2005); Thomas J. Sugrue, "Hearts and Minds," *Nation*, May 12, 2008.

48 Obama, *Audacity of Hope*, 301.

49 Obama, *Audacity of Hope*, 15.

第三章
"更完美的联盟"

1 "The Grant Park Rally," *Chicago Tribune*, November 5, 2008;

Obama, "A More Perfect Union".

2　See Chuck Todd and Sheldon Gawiser, *How Barack Obama Won: A State-by-State Guide to the Historic 2008 Presidential Election* (New York: Vintage Books, 2009); "Election Night in Hyde Park," *Chicago Maroon*, November 4, 2008. See Charles Franklin, "Demographic Groups and Votes, 2008," November 10, 2008, http://www.pollster. com/blogs/demographic_groups_and_votes_2. php, esp. table 3.

3　"Night for Dancing, Not Trouble, in the Streets," *Chicago Sun-Times*, November 5, 2008; "Barack Obama Sweeps to Victory," *Chi- cago Defender*, November 5–11, 2008; "Daley Celebrates a Peaceful Rally," *Chicago Sun-Times*, November 6, 2008; "'A Long Time Coming': Obama's Neighbors Celebrate His Victory," *Hyde Park Herald*, November 12, 2008.

4　关于芝加哥隔离方面的数据，参见 James Lewis, Michael Maley, Paul Kleppner, and Ruth Ann Tobias, *Race and Residence in the Chicago Metropolitan Area*, 1980–2000 (Chicago: Institute for Metro- politan Affairs, 2002); Chicago Urban League, *Still Separate, Still Unequal: Race, Place, Policy, and the State of Black Chicago* (Chicago: Chicago Urban League, 2006)。

5　*Chicago in Focus: A Profile from Census 2000* (Washington, D.C.: The Brookings Institution, 2006), 23–28; Street, *Racial Oppression*, 168.

6　Herbert J. Gans, "The Possibility of a New Racial Hierarchy in the Twenty-First Century United States," in Michèle Lamont, ed. *The Cultural Territories of Race* (Chicago: University of Chicago Press and Russell Sage Foundation, 1999), 371–90; David A. Hollinger, *Posteth- nic America: Beyond Multiculturalism* (New York: Basic Books, 1995); see "Symposium on the Latin Americanization of

Race Relations in the United States," *Race and Society* 5 (2002): 1–114.

7 关于住房歧视和公共政策，可参见 Kenneth T. Jackson, *Crabgrass Frontier: The Suburbanization of the United States* (New York: Oxford University Press, 1985); Steven Grant Meyer, *As Long as They Don't Move Next Door: Segregation and Racial Conflict in American Neighborhoods* (Lanham, Md.: Rowman and Littlefield, 2000); Massey and Denton, *American Apartheid*, 192–200; Eduardo Bonilla-Silva, *Racism without Racists: Color-Blind Racism and the Persistence of Racial Inequality in the United States* (Lanham, Md.: Rowman and Littlefield, 2003). 有关这一概念的相关使用，可参见 Ford, *The Race Card*。

8 Wilson and Taub, *There Goes the Neighborhood*.

9 *Chicago in Focus*, 22.

10 Lawrence D. Bobo, Melvin L. Oliver, James H. Johnson, Jr., and Abel Valenzuela, Jr., *Prismatic Metropolis: Inequality in Los Angeles* (New York: Russell Sage Foundation, 1999); Camille Zubrinsky Charles, *Won't You Be My Neighbor? Race, Class, and Residence in Los Angeles* (New York: Russell Sage Foundation, 2006).

11 Richard Alba and Victor Nee, *Remaking the American Mainstream: Assimilation and Contemporary Immigration* (Cambridge, Mass.: Harvard University Press, 2003), 提供了有关这些模式最全面的综述。

12 Reynolds Farley, "Racial Identities in 2000," in Joel Perlmann and Mary C. Waters, eds., *The New Race Question* (New York: Russell Sage Foundation. 2002); Sonya M. Tafoya, Hans Johnson, and Laura E. Hill, "Who Chooses to Choose Two?" in Reynolds Farley and John Haaga, eds., *The American People: Census 2000*

(New York: Russell Sage Foundation, 2005), 332–51; Jennifer Lee and Frank D. Bean, "Reinventing the Color Line: Immigration and America's New Racial/ Ethnic Divide," *Social Forces* 86 (2007): 561–86.

13 Min Zhou, "Are Asian Americans Becoming 'White'?" *Contexts* 3, no. 1 (2004): 29–37.

14 See Michael Jones-Correa, "Reshaping the American Dream: Immigrants, Ethnic Minorities, and the Politics of the New Suburbs," in Kevin M. Kruse and Thomas J. Sugrue, eds., *The New Suburban History* (Chicago: University of Chicago Press, 2006), 183–204; Audrey Singer, "The Rise of the New Immigrant Gateways," Brookings Institution, Living Cities Census Series, February 2004, http://www.brookings.edu/ urban/pubs/20040301_gateways.pdf; William H. Frey, "Diversity Spreads Out: Metropolitan Shifts in Hispanic, Asian, and Black Populations since 2000," Brookings Institution, Living Cities Census Series, March 2006, http://www.frey-demographer.org/reports/R-2006-1_Di- versitySpreadsOut.pdf.

15 John Logan, Reynolds Farley, and Brian Stults, "Segregation of Minorities in the Metropolis: Two Decades of Change," *Demography* 41 (2004): 1–22. John Iceland, Daniel H. Weinberg, and Erika Steinmetz, U.S. Census Bureau, Series CENSR-3, *Racial and Ethnic Segregation in the United States, 1980–2000, Census 2000 Special Reports* (Washington, D.C.: U.S. Government Printing Office, 2002); Massey and Denton, *American Apartheid*.

16 For summaries of these patterns, see, in general, Kenneth T. Jackson, "Race, Ethnicity, and Real Estate Appraisal: The Home Owners Loan Corporation and the Federal Housing

Administration," *Journal of Urban History* 6 (1980): 419–52; Arnold R. Hirsch, "With or Without Jim Crow: Black Residential Segregation in the United States," in Arnold R. Hirsch and Raymond A. Mohl, eds., *Urban Policy in Twentieth-Century America* (New Brunswick, N.J.: Rutgers University Press, 1993), 65–99; and Massey and Denton, *American Apartheid.*

17 Diana Pearce, "Gatekeepers and Homeseekers: Institutionalized Patterns in Racial Steering," *Social Problems* 26 (1979): 325–42; Massey and Denton, *American Apartheid*, 98–104; John Yinger, *Housing Discrimination Study: Incidence of Discrimination and Variation in Discriminatory Behavior* (Washington, D.C.: U.S. Department of Housing and Urban Development, 1991) and Yinger, *Closed Doors, Opportunities Lost: The Continuing Costs of Housing Discrimination* (New York: Russell Sage Foundation, 1995); Michael Fix and Raymond J. Struyk, eds., *Clear and Convincing Evidence: Measurement of Discrimination in America* (Washington, D.C.: Urban Institute Press, 1993).

18 "'No Child' Law Is Not Closing Racial Gap," *New York Times*, April 29, 2009.

19 Davison M. Douglas, *Reading, Writing, and Race: The Desegregation of the Charlotte Schools* (Chapel Hill: University of North Carolina Press, 1995); Matthew Lassiter, "'Socioeconomic Integration' in the Suburbs: From Reactionary Populism to Class Fairness in Metropolitan Charlotte," in Kruse and Sugrue, *New Suburban History*, 140–43; *Ca- pacchione v. Charlotte-Mecklenburg Schools* 57 F. Supp. 2d 228 (1999); *Parents Involved in Community Schools v. Seattle School District No. 1*, 551 U.S. 701 (2007).

20 Massey and Denton, *American Apartheid*, 4–87, table 4.1; John

Iceland, Cicely Sharpe, and Erika Steinmetz, "Class Differences in African American Residential Patterns in US Metropolitan Areas: 1990–2000," *Social Science Research* 34 (2005): 252–66.

21 Kathryn Neckerman and Joleen Kirschenmann, "We'd Love to Hire Them, but...: The Meaning of Race for Employers," in Jencks and Peterson, *The Urban Underclass*, 203–32; Marianne Bertrand and Sendhil Mullainathan, "Are Emily and Greg More Employable than Lakisha and Jamal? A Field Experiment on Labor Market Discrimina- tion," *American Economic Review* 94 (2004): 991–1013; Chris Tilly et al., "Space as a Signal: How Employers Perceive Neighborhoods in Four Metropolitan Labor Markets," in Alice O'Connor, Chris Tilly, and Lawrence Bobo, eds., *Urban Inequality: Evidence from Four Cities* (New York: Russell Sage Foundation, 2001), 304–39; Keith R. Ihlanfeldt and David L. Sjoquist, "The Spatial Mismatch Hypothesis: A Review of Recent Studies and Their Implications for Welfare Reform," *Housing Policy Debate* 9 (1998): 849–92.

22 United States Census Bureau, *Income, Earnings, and Poverty from the 2006 American Community Survey* (Washington, D.C.: U.S Census Bureau, 2007).

23 United States Census Bureau, "Net Worth and Asset Ownership of Households: 1998 and 2000," *Current Population Reports: Household Studies*, May 2003, 12. On the black-white gap, see Thomas M. Shapiro, *The Hidden Cost of Being African American: How Wealth Perpetuates Inequality* (New York, 2004); Dalton Conley, *Being Black, Living in the Red: Race, Wealth, and Social Policy in America* (Berkeley and Los Angeles: University of California Press, 1999); and Melvin L. Oliver and Thomas M. Shapiro, *Black Wealth, White Wealth: A New Perspective on*

Racial Inequality (New York: Routledge, 1997). Darrick Hamilton and William Darity, Jr., "Race, Wealth, and Intergenerational Poverty," *American Prospect On-Line*, August 19, 2009, http:// www. prospect.org/cs/articles?article=race_wealth_and_ intergenerational_ poverty.

24　Algernon Austin, "Subprime Mortgages Are Nearly Double for Hispanics and African Americans," Economic Policy Institute, June 11, 2008, http://www.epi.org/economic_snapshots/entry/ webfeatures _snapshots_20080611/; Andrew Jakabovics and Jeff Chapman, "Un- equal Opportunity Lenders? Analyzing Racial Disparities in Big Banks' Higher Priced Lending," Center for American Progress, September 2009, http://www. americanprogress.org/issues/2009/09/pdf/tarp_report.pdf; Jennifer Wheary, Tatjana Meschede, and Thomas M. Shapiro, "The Downside before the Downturn: Declining Economic Security among Middle-Class African Americans and Latinos, 2000–2006," Brandeis University, Institute on Assets and Social Policy and Demos, n.d., http:// www.demos.org/pubs/bat_5.pdf.

25　National Center for *Health Statistics, Health, United States 2006*, table 27, www.cdc.gov/nchs/data/hus/hus06.pdf.

26　National Center for *Health Statistics, Health, United States 2006*, Table 27, www.cdc.gov/nchs/data/hus/hus06.pdf; William J. Bennett et al., *Body Count: Moral Poverty and How to Win America's War against Crime and Drugs* (New York: Simon and Schuster, 1996), 66; Devah Pager, "The Mark of a Criminal Record," *American Journal of Sociology* 108 (2003): 937–75; Becky Pettit and Bruce Western, "Mass Imprisonment and the Life Course: Race and Class Inequality in U.S. Incarceration," *American Sociological Review* 69 (2004): 151–69.

27 Satta Sarmah, "Is Obama Black Enough?" *Columbia Journalism Review*, February 15, 2007, http://www.cjr.org/politics/is_obama_ black_enough.php; "Blacks Shift to Obama, Poll Finds," *Washington Post*, February 28, 2007; Gary Younge, "Is Obama Black Enough?" *Guardian*, March 1, 2007; "Who Is Ready for Change?" *Washington Post*, January 24, 2008; "Will Obama Pay for Bitter Flap?" *Time*, April 14, 2008.

28 "Obama Routs Clinton in South Carolina," *San Francisco Chronicle*, January 27, 2008; "Seeking Unity, Obama Feels Pull of Racial Divide," *New York Times*, February 12, 2008; "Newsletter's Obama Illustration Denounced," *Los Angeles Times*, October 17, 2008; "G.O.P. Receives Obama Parody to Mixed Reviews," *New York Times*, December 27, 2008.

29 Andrew Gelman and John Sides, "Stories and Stats: The Truth about Obama's Victory Wasn't in the Papers," *Boston Review*, September/October 2009.

30 Pew Research Center, *Optimism about Black Progress Declines: A Social and Demographic Trends Report* (Washington, D.C.: Pew Cen- ter, 2007), 54, available at http://pewsocialtrends.org/assets/pdf/Race.pdf.

31 对这些问题的深刻反思，参见 Benjamin DeMott, *The Trouble with Friendship: Why Americans Can't Think Straight about Race* (New Haven: Yale University Press, 1998)。

32 Jennifer L. Hochschild, *Facing Up to the American Dream: Race, Class, and the Soul of the Nation* (Princeton: Princeton University Press, 1995), esp. chap. 3, 是迄今为止对黑人和白人在歧视和经济成功方面的公共舆论最详尽的分析。

33 Orlando Patterson, "Obama's America: Equality," *Democracy: A Journal of Ideas*, Winter 2009, 9.

34 多样性的实效是激烈的学术讨论和大众辩论的主题。William Bowen and Derek Bok, *The Shape of the River: Long-Term Consequences of Considering Race in College and University Admissions* (Princeton: Princeton University Press, 1998), 高等教育的多样化造就了一批少数族裔社区领导人，他们致力于改善公民生活，而且扩大了公司、企业和非营利组织的人才库。Walter Benn Michaels, *The Trouble with Diversity: How We Learned to Love Identity and Ignore Inequality* (New York: Henry Holt, 2006), 认为致力于多样化强化了阶级特权，创造了一个多文化的精英圈层，未触及造成不平等的根本经济原因。这两种观点都有符合真相的一面。借助广泛的调查研究，Bok 和 Bowen 认为，少数族裔精英相比于他们的白人同侪，更有可能向弱势群体提供资源和支持。但是他们高估了多样化精英圈层的社会利益。Michaels 是正确的，多样化努力本身不一定会补偿不平等造成的损失。但他过于宽泛地将所有的民权倡议都描述为排斥经济正义，无视种族和经济不平等中的基本性质，也无视了草根活动家和政策制定者同时解决种族和阶级劣势的长期努力。

35 有关肯定性行动的论著和文章数量非常多，其中大部分都容易引发争论。保守派的批评中，有代表性和影响力的包括 Stephan Thernstrom and Abigail Thernstrom, *America in Black and White: One Nation Indivisible* (New York: Simon and Schuster, 1997); Herman Belz, *Equality Transformed: A Quarter-Century of Affirmative Action* (New Brunswick, N.J.: Transaction Publishers, 1991); Terry Eastland, *Ending Affirma- tive Action: The Case for Colorblind Justice* (New York: Basic Books, 1996)。有两篇优秀的概述，其将保守派的论点置于他们的文化和政治背景下，同时避免意识形态话语，参见 Jennifer L. Hochschild, "Affirmative Action as Culture War," in Lamont, ed., *Cultural*

Territories of Race, 343–68, and John David Skrentny, *The Ironies of Affirmative Action* (Chicago: University of Chicago Press, 1996)。

36　See, for example, Gitlin, *Twilight of Common Dreams*; Richard Kahlenberg, *The Remedy: Class, Race, and Affirmative Action* (New York: Basic Books, 1996); and Jim Sleeper, *Liberal Racism* (New York: Viking Press, 1997).

37　Obama, *Audacity of Hope*, 293.

38　Gunnar Myrdal, *An American Dilemma* (New York: Harper, 1944), 5.

39　Pew Research Center, *Optimism about Black Progress Declines*, 30.

40　*Parents Involved in Community Schools v. Seattle School District No. 1*, 551 U.S. 701 (2007). 对平权法案对白人带来的成本的最彻底解释，参见 Bowen and Bok, *Shape of the River*。

41　*Regents of the University of California v. Bakke*, 438 U.S. 265 (1978).

42　Remarks by the President to the NAACP Centennial Convention, July 16, 2009, http://www.whitehouse.gov/the_press_office/Remarks-by-the-President-to-the-NAACP-Centennial-Convention-07/16/2009/.

43　Obama, "A More Perfect Union"; "Obama's 'Typical White Person' Makes Waves," *Philadelphia Inquirer*, March 22, 2008; "Obama Aide Concedes 'Dollar Bill' Remark Referred to His Race," *ABC News*, August 1, 2008, http://abcnews.go.com/GMA/Politics/ story?id=5495348&page=1; "Companies Remove Ads from Beck Program on Fox News," *New York Times*, August 13, 2009; "Race Issue Deflected, Now as in Campaign: Obama Maintains Criticism Is about Policy Differences," *Washington Post*, September 17, 2009. Examples of racial caricatures of

甚至还未过去

Obama are abundant online.

44 有论者称，奥巴马应该敦促白人承担个人责任，就像他敦促黑人那样。参见 Tim Wise, *Between Barack and a Hard Place: Racism and White Denial in the Age of Obama* (San Francisco: City Lights Books, 2009), 111–49。

45 MacLean, *Freedom Is Not Enough*; Chandler Davidson and Bernard Grofman, eds., *Quiet Revolution in the South: The Impact of the Voting Rights Act, 1965–1990* (Princeton: Princeton University Press, 1994); Massey and Denton, *American Apartheid*, 192–200; Christopher Bonastia, *Knocking on the Door: The Federal Attempt to Desegregate the Suburbs* (Princeton: Princeton University Press, 2006).

46 U.S. Department of Justice, Office of the Inspector General and Office of Professional Responsibility, *An Investigation of Allegations of Politicized Hiring and Other Improper Personnel Actions in the Civil Rights Division*, July 2, 2008, http://www.usdoj.gov/oig/special/s0901/ final.pdf. See also "Justice Department to Recharge Civil Rights Divi- sion," *New York Times*, August 31, 2009.

47 Barack Obama, "Remarks of Senator Barack Obama: How- ard University Convocation," Washington, D.C., September 28, 2007, http://www.barackobama.com/2007/09/28/remarks_of_senator_barack_obam_26.php; see also Jeffrey Rosen, "Race to the Top," *New Republic*, April 22, 2009; "Westchester Adds Housing to Desegregation Pact," *New York Times*, August 11, 2008.

48 截至 2009 年 11 月，黑人、西班牙裔和白人的失业率分别为 15.7%、13.1%、9.5%。"Blacks Hit Hard by Economy's Punch," *Washington Post*, November 24, 2009; Heidi Hartmann, "Gender Implications of the Financial Crisis in the United

States," April 22, 2009, http://www.boell.org/downloads/ Heidi_ Hartmann_Paper_Final.pdf; "NAACP Prods Obama on Job Losses," *New York Times*, November 16, 2009.

49 Daniel Gitterman, Joanne Spetz, and Matthew Fellowes, "The Other Side of the Ledger: Federal Health Spending in Metropolitan Economies," Brookings Institution Metropolitan Policy Program, September 2004, http://www.brook.edu/metro/ pubs/20040917_gitterman.htm.

50 Obama, "A More Perfect Union"; see also "Prepared Remarks of President Barack Obama: Back to School Event," Arlington, Virginia, September 8, 2009, http://www.whitehouse.gov/ mediaresources/ PreparedSchoolRemarks/.

51 有关融合政策对教育支出的积极影响，最好的总结来自 Jennifer Hochschild and Nathan Skovronick, *The American Dream and the Public Schools* (New York: Oxford University Press, 2003)。有关特许学校的学术研究充满争议。有关哈勒姆儿童学区更好的阐释，参见 Paul Tough, *Whatever It Takes: Geoffrey Canada's Quest to Change Harlem and America* (New York: Houghton, Mifflin, Harcourt, 2008)。

52 On localism, see Jon C. Teaford, *City and Suburb: The Political Fragmentation of Metropolitan America* (Baltimore, Md.: Johns Hopkins University Press, 1979); Thomas J. Sugrue, "All Politics Is Local: The Persistence of Localism in Twentieth-Century America," in Meg Jacobs, William J. Novak, and Julian Zelizer, eds., *The Democratic Experiment: New Directions in American Political History* (Princeton: Princeton University Press, 2003), 301–26; Lizabeth Cohen, *A Consumer's Republic: The Politics of Mass Consumption in Postwar America* (New York: Knopf, 2003), chap. 5; and Richard Thompson Ford, "The Boundaries of Race:

Political Geography in Legal Analysis," in Kimberle Crenshaw et al., eds., *Critical Race Theory: The Key Writings That Formed the Movement* (New York: The New Press, 1996), 449–64.

一頁 folio

始于一页，抵达世界

Humanities · History · Literature · Arts

出品人　范新

品牌总监　恰恰

编校总监　任建辉

版权总监　吴攀君

印制总监　刘玲玲

助理编辑　夏明浩

营销总监　张延

营销编辑　戴翔

封面设计　陈威伸

内文制作　燕红

Folio (Beijing) Culture & Media Co., Ltd.
Bldg. 16C, Jingyuan Art Center,
Chaoyang, Beijing, China 100124

一頁 folio
微信公众号

官方微博: @一頁 folio ｜ 官方豆瓣: 一頁 folio ｜ 联系我们: rights@foliobook.com.cn